다시, 가슴 뛰는 삶을 살아라

BASHAR GOLD
by Darryl Anka

Copyright ⓒ Darryl Anka 2011
Korean translation copyright ⓒ2025 by RH Korea Co., Ltd.
All rights reserved.

Original Japanese language edition published by VOICE INC.
Korean translation rights arranged with VOICE INC.
through Lanka Creative Partners co., Ltd., Tokyo

이 책의 한국어판 저작권은 Lanka Creative Partners co., Ltd.를 통해
VOICE INC.와 독점 계약한 ㈜알에이치코리아가 소유합니다.
저작권법에 의하여 한국 내에서 보호를 받는 저작물이므로 무단 전재 및 복제를 금합니다.

‘지금 이 순간의 나’를 깨우는 바샤르의 메시지

BASHAR

다시, 가슴 뛰는 삶을 살아라

다릴 앙카 지음 | 전경아 옮김

RHK
알에이치코리아

• 바샤르에 대한 세계 명사들의 찬사 •

예전에 나온 책이 절판된 것이 오랫동안 아쉬웠는데,《다시, 가슴 뛰는 삶을 살아라》라는 이름으로 바샤르의 메시지가 돌아온다니 '가슴 뛰게' 반가웠습니다. 고차원 의식체인 바샤르의 경이로운 가르침을 담은 이 책은 동서양 종교의 통찰은 물론 현대 심리학, 양자 물리학 등 여러 분야의 지혜를 유려하게 엮어 냅니다. 그렇지만 심오한 우주와 삶의 비밀들을 이토록 일상적이면서도 쉬운 용어로, 동시에 따뜻하게 알려 준다는 점에서 놀랍습니다.

바샤르는 '가슴 뛰는 삶'이 그 핵심이라고 말합니다. 내면의 목소리에 귀 기울이고 진정 나를 가슴 뛰게 하는 것이 무엇인지 깨닫는 것, 달리 말해 영혼의 설렘과 기쁨이 행복의 참된 열쇠라는 것입니다. 그리고 명상을 포함해 삶을 바꾸는 구체적인 방법 역시 꼼꼼하고 친절하게 알려 줍니다. 어느 때보다 큰 불확실성에 직면한 현대인들에게 삶의 새로운 좌표가 절실합니다. 어떻게 살아야 할지 혼란스러운 모든 이들에게 이 책이 크나큰 울림과 용기의 원천이 되리라 확신합니다.

성해영 서울대학교 종교학과 교수, 《내 안의 엑스터시를 찾아서》 저자 자신의 인생이 온통 힘든 일뿐이라고 느낀다면, 이 책에서 소개하는 명상법 등 실천방법을 따라 해 보세요. 지구와는 다른 주파수의 고차원에 존재하는 의식체인 '바샤르'가 전하는 메시지는 단순하고 명확합니다. "자신의 인생이 힘들게만 느껴진다면, 그 이유는 가장 설레는 일을 하지 않기 때문이다. 가슴 설레는 삶을 살라. 그러면 인생은 더 쉬워지고, 더 자연스럽게 흐르게 된다. 모든 상황과 기회가 점점 더 쉽게 주어진다는 것을 알게 되고, 생계를 꾸릴 수 있다는 사실도 알게 될 것이다."
'설렘'은 단순한 감정이 아니라, 본래의 나와 우주의 파동이 맞닿아 있다는 표시라는 겁니다. 살아 있는 느낌, 진실됨, 내면의 평온함, 충만함, 에너지로 가득한 느낌, 창조성, 이유 없는 기쁨 등으로 표현되는 이 설레는 마음은, '위대한 모든 것'과 공명하기에 일을 잘 풀리게 한다는 거죠.
죽어 가는 사람들 대부분이 후회하는 일은 자신이 원하는 삶이 아닌, 다른 사람이나 사회가 기대하는 삶을 산 것이라고 합니다. 하기 싫은 일을 참고 하는 편이 당장은 안정적으로 보일 수 있지만 실상은 그렇지 않다는 거죠. 자신이 가장 가슴 설레고 끌리는 방향으로 변화하는 것! 우울함과 무력감으로 지쳐 있는 분들께 가장 안정적으로 사는 길을 안내하는 이 책을 간곡히 권합니다.

정현채 서울대학교 의과대학 명예교수, 《우리는 왜 죽음을 두려워할 필요 없는가》 저자

높이 나는 새처럼 멀리 보기를 원하는 사람, 마음의 길을 여행하는 사람, 자기 안에서 영혼의 해답을 찾고자 하는 사람에게 바샤르의 메시지는 중요한 안내서다.

리차드 바크 세계적 베스트셀러 《갈매기의 꿈》 저자

우리가 궁금해하던 것들, 이를테면 우리는 왜 이러한 삶을 선택했으며, 왜 누군가를 만나게 되었는가에 대한 해답이 여기 있다.

릭 필즈 〈요가 저널〉 편집장

"왜 나를 만나러 오는 사람들이 자꾸 바샤르의 책을 읽어 봤냐고 묻는 거죠?"

셜리 매클레인 영화배우, 영적 탐구가

나는 매일 바샤르의 철학을 따라 살아가며, 인생의 즐거움을 더 깊이 경험하고 있다. 나도 25년 전에는 작가가 되리라고는 상상조차 하지 못했다. 하지만 23년 전쯤부터 '작가'라는 비전을 마음에 품고 실천하기 시작했고, 지금은 세계 여러 나라에서 내 책이 번역되어 읽히고 있다. 돌아보면, 내 인생 속 다양한 가능성 중에서 '최고의 나'를 선택하며 살아왔기 때문이라 생각한다. 삶에는 늘 다양한 선택지가 있다. 그저 그런 평범한 삶, 무난하지만 심심한 삶, 혹은 가슴이 벅차오를 만큼 설레는 삶. 나 역시 늘 그런 갈림길에 섰고, 그때마다 지금 이 순간 가장 설레는 선택을 해 왔다.

만약 최고의 인생을 살고 싶다면, 그게 무엇인지 스스로에게 분명히 묻고, 눈앞에 놓인 수많은 선택지 중 가장 설레는 것을 선택하길 바란다. 그것만으로도 인생은 놀라울 만큼 흥미진진해진다. 설렘을 따라 선택한 그 끝에 어떤 미래가 펼쳐질지, 그 상상조차 할 수 없을 만큼 신비롭고 놀라운 가능성이 기다리고 있다.

혼다 켄 세계적 베스트셀러 《스무 살에 만난 유대인 대부호의 가르침》 저자

다릴 앙카는 미국 캘리포니아 인근에 거주하는 예술가다.
젊은 시절부터 의식의 세계에 강한 흥미를 느껴 명상과 영적 수행에
몰두해 왔으며, 다양한 스승들과의 만남을 통해 내면의 탐구를 이어 왔다.
그러던 어느 날, 평소와 다름없는 명상 중에 정체를 알 수 없는 존재와의
접촉이 시작되었다. 이름은 '바샤르'. 그는 자신을 고차원에 존재하는
의식체이며, 지구와는 다른 주파수 차원에서 살아가는 문명의
일원이라고 소개했다. 이후 다릴 앙카는 이 존재와의 꾸준한 교감을 통해,
삶과 우주의 본질에 대한 메시지를 전달받기 시작했다.
모든 이야기는 거기서부터 출발한다.

서문
바샤르가 당신에게

우선, 나는 누구인가?

나는 지구인들이 '외계인' 혹은 '지구 밖 존재'라고 부르는, 그 경계를 넘어선 존재입니다. 우리 세계는 고대 언어로 E'sassani라 불리며, 이는 '빛의 사람들의 모임의 장소'를 의미합니다. 이 표현은 우리가 일상적으로 텔레파시로 소통하여, 말보다 에너지의 진동과 고유한 서명을 통해 서로를 인식하기 때문입니다. 그러므로, 우리에게 있어 말소리는 예외적인 표현일 뿐입니다.

처음 우리 세계에 발을 디딘 이들이 느끼는 첫인상은, 자연의 소리 외에는 모든 것이 고요하다는 것입니다. 우리는 이름 대신, 에너지의 파동과 진동을 통해 서로를 알아봅니다. 그러나 인간과 다른 은하계 종족들이 우리를 식별할 필요성을 이해하기에, 편의상

나는 바샤르^{Bashar}라는 이름을 사용합니다. 이 이름은 아랍어에서 '전달자', '좋은 소식을 전하는 자'를 뜻하며, 본명은 아니지만, 내가 '초기 접촉 전문가'로서 인간과의 소통을 담당하고 있음을 상징합니다.

내 소명은 별들 사이, 무한한 우주의 문명들과 접촉하는 것입니다. 특히 지구와의 만남은 내 영혼이 가장 뜨겁게 불타오르는 순간입니다. 나는 수십 종의 외계 존재들과 소통하며, 그 다양하고 신비로운 방식 속에서 생명의 참모습을 배우고 있습니다.

내 주요 목적은, 지구 인류와의 만남을 통해 인류가 어디에서 왔으며 지금은 어떤 길 위에 서 있는지, 그리고 앞으로 어디로 나아가야 하는지에 대한 깊은 관점을 나누는 데 있습니다. 이는 우리 종족과 은하 연합의 오랜 관찰과 경험에서 우러나온 진실입니다.

우리는 각 문명을 오랜 시간 동안 관찰하고, 그 문화가 외부와의 접촉을 수용할 준비가 되었는지를 신중하게 평가합니다. 나는 이미 40년이 넘는 지구 시간 동안 인류와 정보를 교환해 왔으며, 여러분이 '채널링'이라 부르는 방식으로 소통하는 법을 터득했습니다. 이 방법은 단순히 신비로운 전통을 따르는 것이 아니라, 깊은 우주의 원리와 조화를 이루기 위한 선택입니다.

많은 이들이 왜 우리가 라디오나 다른 물리적 통신 수단을 사용하지 않는지 의아해할 수 있습니다. 우리의 메시지는 '외계에서 왔다'는 것을 증명하려는 것이 아니라, 여러분 각자가 내면의 진실을 발견하도록 돕기 위한 것입니다. 우리는 강요하지 않으며, 적절한 시점과 상호 이익이 마련되면 점차 물리적 세계로 그 모습을 드러낼 것입니다. 그러나 그 시점은 결코 강제된 것이 아닙니다.

여러분이 우리 메시지를 어떻게 받아들이느냐에 따라, 그 사회가 다음 단계의 접촉으로 나아갈 준비가 되었음을 우리는 감지합니다. 만약 우리의 세계관과 여러분의 이해가 너무 동떨어져 있다면, 공개적인 만남은 혼란을 초래할 뿐입니다. 그러므로 우리는 항상 신중하게, 그리고 상호 이익이 충족될 때만 접촉을 시도합니다.

이 모든 것은 지구인을 깎아내리기 위한 것이 아니라, 관찰된 진실에 따른 결과입니다. 우리 관찰에 따르면, 지구인들은 존재의 근본 원리나 작동 방식을 충분히 이해하지 못한 채, 제한된 믿음 속에 머무르는 경향이 있습니다. 그래서 우리는 애정 어린 마음으로 여러분을 '한계의 마스터 Masters of Limitation'라고 부릅니다. 제한이 때로는 안전망처럼 작용하는 것처럼, 여러분의 여정도 그러한 한계를 넘어서는 과정임을 알고 있습니다.

여러 세계를 여행하며 본 결과, 지구만큼 강렬한 제한을 겪는 문명은 드뭅니다. 여러분이 우리보다 열등하다는 의미가 아니라, 오히려 어둠을 빛으로, 억압을 자유로, 절망을 기쁨으로 바꾸기 위한 강인한 정신력이 있음을 증명하는 것입니다.

어쩌면 여러분의 SF 소설 속에서 지구를 '우주 유치원'으로 묘사할 수도 있겠지만, 진실은 여러분이 '제한의 초급자'에서 '제한의 달인'으로 나아가는 고급 과정을 밟고 있는 중이라는 사실입니다. 이 여정은 계속되고 있으며, 우리가 나누는 이 관찰과 대화가 여러분 각자의 내면에서 우주의 진실을 깨닫는 데 작은 등불이 되기를 바랍니다.

이 책을 읽는 방법

이 책은 바샤르가 40년 동안 우리에게 전한 이야기를 한 권으로 정리한 것이다. 우리에게 메시지를 보내 온 이가 외계인이라는 것이 사실인지 여부는 중요하지 않다. 중요한 것은 메신저가 아니라, 전달되는 정보가 실제로 도움이 되는지 여부다. 바샤르와 다릴은 항상 이 점을 강조한다.

그래서 이 책에는 '바샤르'를 만난 지 얼마 되지 않은 사람도, 또 오랜 인연을 맺은 사람도 그 정보를 더욱 유용하게 활용할 수 있는 콘텐츠를 담았다. 우선, 이 책의 내용을 이해하기 위해, 혹은 보다 넓고 깊게 바샤르 세계를 느낄 수 있도록 본문 중간중간 '바샤르의 키워드'를 수록했다. 관련하여 바샤르가 과거에 어떻게 말했는지도 인용하여 실었다. 과거부터 현재까지 바샤르가 전해온 말이 더해지면서, 그 정보를 막힘없이 활용할 수 있게 되었다.

또한 지금까지 실제로 바샤르의 정보와 함께 살아온 분들의 체험을 담았다. 각각의 이야기에서는 생생한 생동감뿐만 아니라 땅에 발이 단단히 닿은 확실한 에너지, 진지하고 긍정적인 자세, 풍부한 결실, 그리고 가슴 설레는 전망을 느낄 수 있다. 이들의 경험담을 읽고 마치 오래된 친구를 만난 듯한 기쁨을 느낀 사람도 있을 것이고, 또는 "나도 경험하고 싶다"며 설렘을 느낀 사람도 있을 것이다.

바샤르는 처음부터 우리에게 전혀 새로운 관점, 인식의 방법을 다양한 각도에서 보여 준다. 너무 새로워서 이해하려고 해도 사고를 멈추고 멍하니 있을 때가 적지 않다. 이 책에 있는 '자신의 의식 상태가 상징으로 드러난다', '의식이 자신을 물리적으로 표현한 것이 물리적 현실' 등이 바로 그런 내용이다. 그럴 때는 함께 수록한 '이미지워크(명상)'를 반복해 보는 것이 좋다. 머리와 마음이 우회하여 에너지 차원에서 변화가 일어나고, 문득 정신을 차려보면 견해에도 변화가 일어났음을 알 수 있을 것이다. 특히 3장의 내용이 강력하니 집중하길 바란다.

이렇게 보면 바샤르가 말한 것처럼, 이 책이 시간이 지나 출간된 것은 완벽한 타이밍일지도 모른다. 긍정적인 방향으로 의식에 집중하는 사람들이 점점 연결되는 시대이므로, 설령 내용을 바로 이해하지 못하더라도 많은 사람들이 이미지워크를 실천하여 에너지를 통해 쉽게 변화를 일으킬 수 있으리라 생각한다. 꼭 따라 해 보기를 권한다.

무엇보다도, 이 책이 가진 가장 큰 의미는, 바샤르가 오래전부터 전해 온 '가슴 설레는 유도론'이나 '독특한 인지론' 등 세상을 바라보는 새로운 방법이 정말 많은 이의 인생에 깊은 영향을 끼쳤다는 사실이다.

어떤 순간에는 "괜찮아, 그래도 세상은 돌아가" 하고 부드럽게 격려해 주었고, 어떤 순간에는 "정말 이대로 괜찮겠어?" 하고 강렬하게 경고를 던졌으며, 또 어떤 순간에는 인생이 손바닥처럼 뒤집히는 듯한 강렬한 체험을 선사해 주었다.

이 책을 읽은 독자 가운데는 다양한 분야에서 사회적으로 성공한 이들도 많다. 그들은 하나같이 바샤르를 통해 인생이 한층 풍요로워졌다고 이야기한다.

그 목소리를 들을 때마다 마음 깊은 곳에서 벅찬 감동이 일어난다. 과거, 기꺼이 함께해 주신 독자 여러분께 진심으로 깊은 감사를 전한다. 세월이 흐르더라도, '반짝반짝 빛나는 인생의 역학'으로서 바샤르는 여전히 우리 마음속에서 살아 숨 쉴 것이다.

'어둠' 속에서 '빛'을 발견하며 함께 새로운 세계를 만들어가는 데 이 책이 조금이나마 도움이 되기를 기원한다.

이 책의 편집자, 오츠지 가오루

BASHAR

목차

서문 바샤르가 당신에게 010

이 책을 읽는 방법 014

첫 번째 만남
세계는 비유로 이루어져 있다

우리가 대등하게 만나기 위한 준비 025 · 출발점은 여기에 있다 031 · 배경에 있는 공통의 의미 034 · 모든 것은 고유한 진동수를 지니고 있다 036 · 현실이라는 거울이 자신의 의식을 비춘다 037 · 모든 것을 상징으로 본다 039 · 이미지워크_마법의 열쇠로 상징을 푼다 042 · 상징을 없애고 변경하는 방법 054 · 더 앞으로 나아가서 058 · 이미지워크_상징을 녹여 결정으로 만든다 064 · 내 안에 답이 있다 067 · 바샤르와의 대담 072

두 번째 만남
세상을 치유하다

치유는 파동을 일으키는 것이다 093 · 자신을 치유하는 방법 095 · 이미지워크_색 에너지로 균형을 잡는다 105 · 치유는 허용하는 것이다 111 · 타인을 치유한다는 것 113 · 의지가 있다면 먼저 시작한다 115 · 세상을 치유하는 방법 117 · 커뮤니케이션도 치유다 118 · 사회에 대한 봉사, 자기 자신에 대한 봉사 120 · 파동의 근원지를 활용하는 방법 121 · 의식의 물리학, 공명으로 치유하다 122 · 바샤르와의 대담 126

세 번째 만남

세계를 건설한다

한 사람 한 사람의 파동으로 전체가 바뀐다 149 · 또 하나의 지구로 151 · 의식이 관점을 바꾼 모습, 그것이 움직임 154 · 매 순간 새로운 우주를 창조하고 있다 156 · 모든 것은 당신으로 이루어져 있다 158 · 이미지워크 _ 창조의 불. 모든 것을 채우는 자신을 체험한다 162 · 명상으로 새로운 세계를 만든다 175 · 가슴 설레는 것을 세상에 가져온다 178 · 바샤르와의 대담 182

또 한 번의 만남
1-3-5-7 실현 법칙

원네스oneness, 가장 중요한 첫 번째 원리 205 · 무의식은 이제 필요 없다 207 · 자신을 '하나'로 보는 간단한 방법 208 · 통합된 사람, 분리된 사람 210 · 설레며 살아야 안전하고, 순탄하다 213 · 통합된 존재로 행동한다 215 · 그 연결은 어디에서 오는 걸까? 216 · 관념은 매 순간 재생된다 218 · 시간의 연속성을 바꾸는 방법 220 · 모두가 이미 힘을 가지고 있다 224 · 3, 설렘과 비전, 꿈의 파워 225 · 5, 모든 걸 갖추면 실패할 위험이 없다 231 · 7, 균형을 되찾는 7개의 어퍼메이션 237 · 남은 일은 감수성을 기르는 것뿐 240 · 이미지워크_목표에 집중한다 242 · 바샤르와의 대담 258

부록 바샤르와 나 284

◆

사람들은 스스로가 설레는 마음을 따라 행동한다고 여기지만,
실은 자신이 믿는 관념 때문에 정반대 행동을 합니다.

첫 번째 만남

세계는 비유로
이루어져 있다

우리가 대등하게 만나기 위한 준비

반갑습니다.

이처럼 소중한 교류의 기회를 마련해 준 모든 분에게 감사합니다. 우리[1] 바샤르와 에사사니 행성의 존재들은 다양한 세계와의 교류를 늘 설레는 마음으로 즐깁니다. 이러한 교류를 통해 여러분이 우리로부터 많은 것을 받을 뿐만 아니라, 우리도 여러분 덕분에

---

[1] 에사사니 사람들은 모든 존재와 항상 연결되어 있다고 느끼며, 모두를 하나의 가족처럼 여긴다. 그렇기 때문에 자연스럽게 '우리'라는 표현을 자주 사용한다.

의식을 더욱 확장할 수 있습니다. 그것이 우리에게는 크나큰 기쁨입니다.

오늘날 많은 생명체가 지구에서 다양한 변화가 일어나고 있음을 서서히 깨닫고 있습니다. 현재 지구에서 여러분의 의식이 여러 가지 의미에서 성장하고 있기 때문입니다. 어떤 행성의 문명이든 그 집단의식이 무엇인가 새로운 것을 알아차리기 시작하면, 그 순간부터 우주를 향해 새로운 파동을 발신합니다. 우리에게는 그 파동이 초대장처럼 느껴집니다. 마치 "이들과 대화를 시작하세요."라고 다정히 부르는 것 같습니다. 우리는 그 초대장을 받아들여, 여러분과의 대화를 시작하게 되었습니다.

이러한 커뮤니케이션에는 다양한 형태가 존재합니다. 그중 하나는 아주 드물지만, 지금처럼 실제로 얼굴과 얼굴을 맞대고 직접 만나는 시간입니다. 이러한 만남이 왜 드문 일이냐 하면, 우리 문명이 여러분 문명보다 더 높은 파동과 주파수를 가진 차원에 존재하고 있기 때문입니다. 이것은 결코 우리가 우월하다는 의미는 아닙니다. 단지 차원의 특성과 에너지 주파수가 다를 뿐입니다.

높은 주파수를 가진 존재와 낮은 주파수를 가진 존재가 육체를 지닌 채 물리적으로 만나게 되면, 두 존재의 에너지장이 서로 얽히게 됩니다. 이때, 높은 주파수를 가진 존재의 에너지가 낮은 주파수를 가진 존재의 에너지장을 자연스럽게 압도합니다. 이러한 상호작용이 이루어지는 사이에 우리 역시 주파수가 약간 낮아지긴 하지만, 그보다 훨씬 더 빠른 속도로 여러분의 에너지가 변화합니다. 여러분의 주파수가 낮다 말한 이유는 여러분 각자가 자신의 의식 안에 의도적으로 숨겨 놓은 부분이 있기 때문입니다. 여러분은 스스로 직면하고 싶지 않은 것들을 보지 않으려 합니다. 이것이 여러분이 성장하는 과정에서 중요한 역할을 하는데도 말입니다. 이 숨겨진 부분을 하나하나 인식하고 합쳐 나가면서, 진정한 본질을 향해 나아가야 합니다.

그런데 만약 여러분이 직접 우리와 조우해 주파수가 급속하게 변하면, 지금까지 의식 속에 감춰 두었던, 아직 마주할 준비가 되어 있지 않은 부분이 억지로 표면 위로 끌려 나옵니다. 준비되지 않은 상태에서 이와 갑작스럽게 마주하게 되면, 여러분은 강한 두려움을 느끼거나 정신적인 충격을 받습니다.

외계인과 조우한 경험을 이야기하는 사람들이 있지요. 그들은 "엄청난 공포를 느꼈다."라고 말합니다. 하지만 그 공포는 외계인 자체에 대한 공포가 아니라는 점을 이해하길 바랍니다. 그것은 외부 존재를 보는 데서 오는 것이 아니라, 바로 여러분 자신의 내면, 지금까지 의식적으로 주의를 돌리지 않았던 부분을 직면함으로써 생기는 두려움입니다.

우리는 자주 "나는 당신을 만나 얼굴을 맞댈 준비가 되어 있습니다."라는 말을 듣습니다. 때때로 우리는 그 요청에 응답합니다. "정해진 시간과 정해진 장소에 오면 우리의 우주선을 가지고 가겠습니다."라고 답합니다. 그 사람은 우리를 만날 것을 기대하며 약속 장소에 도착해 기다립니다. 하지만 실제로 우리가 온다는 사실을 인지하고, 우리 우주선이 가까이 다가가는 순간, 대부분은 두려움을 이기지 못하고 도망치기에 바쁩니다.

앞으로는 여러분이 우리와 실제로 만날 기회가 더 많아질 것입니다. 그러나 그러기 위해서는, 여러분 자신의 의식이 지금보다 훨씬 크게 변화해야만 합니다.

이러한 이유로, 많은 문명과 우리들이 처음 교류할 때에는 주로 채널링이라는 방식을 통해 커뮤니케이션을 시작합니다.

채널링은 고차원의 존재, 외계인, 영혼 같은 존재와 특별한 능력에 의해 교신하는 방식을 의미합니다. 또한, 여러분 한 사람 한 사람과 개별적으로 만나기에는 꿈속이 훨씬 더 수월한 공간입니다.

그래서 우리는 여러분 각자가 채널이 되어, 꿈속에서 우리와 자연스럽게 교류할 수 있도록 준비하기를 요청하고 있습니다. 우리와 꿈을 통해 만남으로써, 여러분은 우리와 간접적이지만 중요한 방식으로 교류할 수 있게 됩니다. 그리고 크게 두려움을 느끼지 않고, 순수하게 정보를 받아들일 수 있습니다.

내가 실제로 존재하는지 여부는 중요하지 않습니다. 진정으로 중요한 것은, 나를 통해 전달되는 정보가 여러분의 인생에 실제 도움이 되느냐입니다.

그 순간, 여러분에게 가장 도움이 되는 정보가 바로 가장 중요한 정보입니다. 제가 전달하는 정보가 항상 가장 중요하다고 말하는 것은 아닙니다. 하지만 우리는 가능한 한 다양한 관점을 여러분에게 제공하려 합니다. 우리는 그러한 의지를 가지고, 여러분에게 정보를 전하고 있습니다.

여러분이 우리가 전달하는 말을 실제로 실천하면 할수록, 여러분의 파동은 점차 우리의 파동에 가까워지게 됩니다. 그 결과, 우리는 대등한 문명으로서 더욱 쉽게 직접 만날 수 있게 됩니다.

그래도 지금 이 순간, 이렇게 인간 전화[2]를 통해 여러분과 이야기를 나눌 수 있게 되어 매우 기쁘게 생각합니다. 여러분 모두는 이와 같은 방식으로 채널링을 할 수 있는 능력을 지니고 있습니다. 다른 존재를 채널링할 수도 있고, 자신의 상위자아 higher-self, 즉 고차원의 자아를 채널링할 수도 있습니다. 그리고 여러분은 머지않아, 지금까지 상상했던 세계 이상으로 훨씬 더 많은 세계가 존재한다는 것을 점차 깨닫기 시작할 것입니다.

---

[2] 바샤르는 종종 인간 채널러를 '인간 전화 human telephone'로 표현한다. 이런 유머스러운 표현은 바샤르만의 특징이다. －편집자 주

바샤르의 키워드

채널링 channeling

채널링이란 일반적으로 고차원의 존재, 외계인, 영혼 등과 특별한 능력으로 교신하는 것을 의미한다. 이때 매개체가 되는 사람을 채널 또는 채널러라고 한다. 채널링은 채널의 의식 상태에 따라 세 가지로 나뉜다. 첫째, 자신의 평소 의식이 아닌 다른 의식 상태가 되는 풀 트랜스 상태로, 다릴 앙카의 바샤르가 이 풀 트랜스 채널링에 해당한다. 둘째, 반은 의식이 있고 반은 트랜스에 들어간 하프 트랜스 채널링이다. 마지막으로 정상적인 의식이 있는 상태의 컨셔스 채널링이 있다.

다릴은 채널링을 이렇게 설명한다. "채널링은 두 개의 음차와 같아서, 하나의 음차가 진동하면 옆에 있는 다른 음차가 그 진동을 포착하고 공명하며 똑같이 진동하기 시작한다. 마찬가지로 내가 내 의식을 변화시키면, 바샤르도 마찬가지로 의식을 변화시키고, 그 두 의식의 파동이 만났을 때 공명하여 똑같이 진동한다. 바샤르의 생각과 같은 주파수로 진동함으로써 나는 바샤르의 생각을 받아들일 수 있다."

바샤르는 인간의 언어를 사용하지 않는다. 단지 생각을 보낼 뿐이다. 육체를 가진 다릴이 영어를 사용하기에 생각이 영어로 번역된다. 전화를 걸 때 이쪽에서 들리는 목소리는 실제로 저쪽에서 말하는 목소리가 아니다. 송신하는 측에서 말한 목소리는 일단 전기신호로 바뀌었다가 다시 목소리로 변환되어 수신하는 측에 전달된다. 채널링은 이와 비슷한 현상이라고 할 수 있다. 이 장에서도 '인간 전화'라고 말했듯이, 채널은 생체 전화와 같은 역할을 한다. 바샤르는 인간과 교류할 때 말보다 파동을 느낀다고 한다.

바샤르는 직접 만나지 않고 채널링이라는 방법으로 교류하는 이유와 목적을 다음과 같이 말한다. '이런 교류에서 제가 맡은 역할 중 하나는 여러분이 자신의 상위자아, 자신의 높은 파동을 기억하고 그것에 동조할 수 있도록 하는 것입니다'. 또한 '누구나 자신의 상위자아를 채널링할 수 있다', '자신이 좋아하는 일을 할 때 그것이 하나의 채널링'이라고 말하기도 한다. 직관을 포착하거나 자신이 좋아하는 일을 할 때, 우리는 상위자아의 에너지를 의식적으로 채널링하고 있다고 말할 수 있다.

출발점은 여기에 있다

물리적 세계, 물리적 차원은 여러분의 의식을 나타내는 단순한 비유, 메타포이며, 단순한 상징이다.[3] 오늘은 이 주제에 대해 함께 알아보겠습니다.

"물리적인 현실은 단순한 환상이다."라는 말을 들어 본 적이 있을 것입니다. 이 물리적 현실은 꿈에 불과하다는 이야기도 들었을 것입니다. 여러분의 본질은 영혼, 스피릿, 또는 에너지라고도 표현됩

---

[3] 상징은 추상적인 개념을 보다 구체적인 사물이나 형태로 나타내는 것을 의미하며, 또한 그렇게 표현하는 데 사용된 사물이나 형태 자체를 가리킨다. 예를 들어, '비둘기는 평화의 상징이다'라고 할 때, 비둘기라는 구체적인 동물이 평화를 상징하는 역할을 한다.

니다.

여기서 꼭 알아야 할 것이 있습니다. 여러분은 단순히 영혼이나 에너지가 아니라, 의식 그 자체입니다. 따라서 여러분이 물리적 세계라고 부르는 이 환상의 세계 또한 진정한 현실입니다. 환상 또한 하나의 현실입니다.

시간과 공간이라는 틀 안에서, 그리고 매우 단단하고 확고한 형태를 가진 상태 속에서 다양한 체험을 할 수 있다는 것, 이 모든 물리적 현실은 바로 여러분 스스로가 만들어 낸 것입니다. 여러분의 오버소울, 그리고 여러분의 집단의식이 "물리적 현실 속에서 다양한 체험을 해 보자."라고 결정한 순간, 이 세계를 움직이는 다양한 법칙들이 함께 만들어졌습니다. 그 법칙이 바로, 여러분이 경험하고 있는 이 현실이라는 세계를 만들어 낸 것입니다.

이 세상에는 더 많은 우주가 존재합니다. 그리고 그 우주들 안에는, 이와 같은 물리적 현실에 있으면서도 여러분이 알고 있는 법칙과는 전혀 다른 원리에 기초한 세계도 존재합니다.

예를 들어 볼까요. 여러분이 '중력'이라고 부르는 것에 영향을 받지 않는 물리적 세계도 있습니다. 그곳에는 물론 원자 구조가 존재하지만, 전혀 다른 에너지에 의해 원자들이 연결되어 있습니다. 여러분이 만들어 낸 이 물리적 현실은 매우 견고하고 탄탄한 구조를 가진 것처럼 보입니다. 그러나 앞서 말한 것처럼, 이 구조 역시 여러분이 집단의식으로서, 전체적으로 동의해 만들어 낸 법칙에 따라 형성된 것입니다.

여러분이 '세계는 비유이며, 상징으로 이루어져 있다'는 사실을 깨닫기 시작하면, 지금까지 오버소울과 집단의식으로서 동의해 왔던 법칙들로부터 서서히 자유로워질 수 있습니다.

우리는 모두 집단적 현실 속에서 각자의 현실을 살아가고 있습니다. 따라서 한 사람 한 사람이 이 진리를 이해하는 속도는 각기 다릅니다.

그러나 그것으로 충분합니다. 모든 것은 완벽한 타이밍에 일어나기 때문입니다. 한 사람 한 사람이 어떤 변화를 이루어 낼 때, 그 변화는 전체에도 영향을 미치며 퍼져 나갑니다.

"다른 사람들은 잘하고 있는데, 나는 왜 이럴까?" 하고 걱정할 필요 없습니다. 자신을 탓할 필요도 없습니다.

모든 것은 완벽한 타이밍에 진행되고 있습니다.

다음을 기억하세요.

비록 더 빨리 변화하고 싶거나 성장하고 싶은 마음이 있더라도, 지금 이 순간의 자신을 온전히 인정해 주는 것이 무엇보다 중요합니다.

'세계는 비유로 이루어져 있다.', '이 세계는 자신의 의식을 드러낸다.', '이 세계는 자신이 만들어 낸 것이다.' 이 사실을 이해하기 위해 가장 좋은 출발점은, 여러분 안에 존재하는 평화의 부분을 인식하는 것입니다.

배경에 있는 공통의 의미

우리는 "세계는 비유이며 상징으로 이루어져 있다"는 말이 무엇을 의미하는지, 이 지식을 일상생활에서 어떻게 활용할 수 있는지 더 깊이 이해하기 위한 여정을 떠날 것입니다. 이를 위해 함께 이미지 워크 즉 명상을 할 것입니다.

그에 앞서 "세계는 비유이며 상징으로 이루어져 있다"는 말이 구체적으로 무엇을 뜻하는지 조금 설명하겠습니다. 많은 이가 이미 우리가 전한 말을 들어 본 적이 있을 것입니다. 모든 상황은 본질적으로 중립적이며, 그 자체로는 고유한 의미를 갖고 있지 않다는 이야기입니다.

어떠한 상황도 처음부터 정해진 본질적인 의미를 지니고 있지는 않습니다. 상황은 단지 중립적인 힌트일 뿐입니다. 물론 어떤 사건이 일어나는 과정에서는, 무언가가 형성된 뒤 의미가 덧붙여진 경우가 있긴 합니다. 그럴 때는 어느 정도 의미가 추가되었다고 볼 수 있습니다.

여러분의 집단의식은 그런 물리적 현실에 대해 자동으로 기본적인 의미를 부여합니다. 간단히 말하면, 이 물리적 현실이라는 배경에는 여러분이 집단적으로 동의한 공통의 의미가 존재한다는 뜻입니다.

이것이 바로 공통의 비유, 상징입니다. 개개인의 삶에서 각자가 다양한 의미를 부여하는 것은 물론, 우리는 지금 그보다 더 깊은 차원, 즉 집단의식의 원형[4] 차원에서 형성된 기본적인 의미를 바꾸는 것에 대해서도 이야기하고 있습니다.

여러분, 다음 내용을 다시 한번 이해해 보시기 바랍니다.

여러분이 만들어 낸 모든 물리적인 것, 모든 물질에는 각각 고유의 진동수가 있습니다. 여러분은 모든 물질과 상황에 대해 각자 의미를 부여할 수 있지만, 그러한 의미들은 이미 집단의식 차원에서 특정한 주파수를 지니고 있습니다.

그렇다면 왜 이런 개념을 배워야 할까요? 그 이유는 명확합니다. 자신의 현실은 스스로 만들어 낼 수 있으며, 자신의 의식은 물리적 현실을 넘어선 존재임을 깨닫게 될 때, 이 깨달음을 일상생활에 활용하여 희열로 가득 찬 삶을 영원히 즐길 수 있기 때문입니다. 이와 같은 상태를 체험하고 싶다면, 우리의 이야기를 끝까지 들어보시기 바랍니다. 분명 여러분에게 도움이 될 것입니다.

물건이나 상황이 여러분에게 공통의 상징으로 작용하는 경우가 있습니다. 또는 특정한 감각이 자연스럽게 느껴질 때도 있습니다. 이러한 현상은 여러분의 의식이 집단적 원형 수준에서 반응하고

---

[4] 원형이란 계급, 종교, 인종, 지리적 위치, 역사적 시대에 관계없이 인간 안에서 비슷하게 나타나는 사고, 이미지, 감정, 관념 등을 만들어 낸다고 여겨지는 것이다. 심리학자 융은 이러한 원형이 '집단적 무의식을 구성하는 요소'라고 설명했다.

있기 때문입니다.

벌새를 예로 들어 보겠습니다. 여러분의 사회에서는 벌새가 대체로 고차원 의식이나 미래 세계를 상징하는 징표로 여겨집니다. 따라서 벌새를 만났을 때, 여러분은 자신이 미래 세계와 자신의 고차원적 파동을 만들어 내고 있다는 사실을 느낄 수 있습니다. 혹은 그 파동에 동조하고 있으며, 그것으로 인해 자신의 원형적인 상징을 끌어당겼음을 알게 됩니다.

모든 것은 고유한 진동수를 지니고 있다

따라서 오늘은 다음 두 가지를 살펴보겠습니다. 하나는 이 물리적인 세계를 중립적인 시각으로 본다는 것, 또 하나는 집단의식이 동의한 상징적 의미를 이해하는 것입니다.

우선, 자연 상태에서는 여러분이 단지 의식의 에너지에 불과하다는 점을 이해해야 합니다. 따라서 여러분이 일상생활에서 사용하는 모든 것, 행동하는 모든 것은 여러분의 의식 상태를 상징하는 것, 즉 심벌이라 할 수 있습니다. 비유나 예시로 볼 수 있죠.

이 물리적 현실에서 여러분은 자신의 존재 상태, 즉 의식 에너지를 일상생활의 행동이라는 형태로 바꾸어 주변 사람들과 소통하고 있는 것입니다. 물리적인 움직임이나 자세에도 고유한 파동이 있습니다.

따라서 다음과 같은 일이 가능합니다. 여러분 중 많은 이들이 방금 말한 상징적 파동의 개념을 이해하고 신경언어 프로그래밍^{NLP}이라는 것을 만들어 냈습니다. A가 어떤 행동을 한 다음, B가 A의 행동, 자세를 포함해 모든 것을 똑같이 따라 하게 합니다. 그러면 B는 자동으로 A와 같은 생각을 하고 비슷한 감정을 느끼기 시작합니다. 이것이 여러분이 말하는 텔레파시의 기본입니다.

텔레파시는 서로의 마음을 읽는 것이 아닙니다. 자신의 파동을 상대방의 파동과 정확히 일치시키면, 자신의 현실 속에서도 그 파동이 만들어집니다. 그러면 상대방과 동시에 같은 생각을 하게 됩니다. 사랑에 빠진 두 사람이 서로의 마음을 잘 아는 것도 같은 이치입니다. 서로의 파동이 조화를 이루고 동화되어 있기 때문입니다.

이처럼 모든 물리적인 것, 행동이나 자세, 물체 자체에도 각각 고유한 진동수가 있습니다. 이 점을 기억하세요.

현실이라는 거울이 자신의 의식을 비춘다

한 사람 한 사람의 현실을 보면, 여러분이 누군가를 접할 때, 어떤 상황을 접할 때, 혹은 무언가를 접할 때 중요한 것은 그 사람, 상황, 사물에 대해 자신이 어떻게 느끼는가에 주의를 기울이는 것입니다. 사람이나 사물을 접할 때 느끼는 감각은, 여러분이 개인으로서 그 사물이나 사람, 상황에 부여한 의미를 나타냅니다. 그러니 무언가와 마주쳤을 때 한 발짝 물러서서 어떤 감각이 느껴지는지 천천히 느껴 보세요. 그렇게 하면 자신이 지닌 관념이나 믿고 있는 것, 본래의 자신을 더욱 잘 들여다볼 수 있습니다.

또한 자신이 어떤 성격^{personality} 구조 즉 인격, 개성, 개인의 통일적이고 지속적인 특성의 총체를 지녔는지도 좀 더 구체적이고 자세히 살펴볼 수 있습니다. 그것을 알게 되면, 그 구조를 자신이 원하는 방식으로 다시 배치하는 방법을 고려할 수 있습니다.

우리가 '물리적 현실은 비유이며 상징으로 이루어져 있다'라고 말할 때, 이는 '이 물리적 현실은 의식의 거울이다'라는 의미입니다. 여러분의 의식을 문자 그대로 비추고 있기 때문입니다. 늘 말하지만, 우주에는 단 하나의 법칙만이 존재합니다. 자신이 주는 것이 자신이 받는 것입니다. 그것뿐입니다.

그러므로 이 물리적인 현실도 자신의 외부에 있는 세계가 아니라는 것을 알아주세요. 제가 비밀을 하나 말해 드리죠. 사실 외부라는 것은 없습니다. 한 사람 한 사람이 저마다 자신의 현실을 온전히 채우고 있을 뿐입니다.

여러분이 여러분의 현실에서 경험하는 모든 것은 바로 여러분 자신입니다. 이 물리적 현실은 문자 그대로 여러분이 만들어 낸 것입니다. 자신의 의식으로 만든 것입니다.

여러분의 의식, 그리고 창조$^{creation\,5}$ 안에 존재하는 모든 의식은 '위대한 모든 것$^{All\,that\,is}$'을 본떠 만들어졌습니다. 그래서 여러분도 자신을 비추는 능력을 지니고 있습니다. 의식적으로 이해하든 그렇지 않든, 여러분의 물리적 현실은 매 순간 개개인의 의식 파동이 정확히 그대로 반영됩니다.

모든 것을 상징으로 본다

그렇다면 이러한 정보를 실제로 여러분의 일상생활에 어떻게 활용할 수 있을까요?

첫째, 무언가를 보았을 때 우선 "이것은 어떤 상징이다."라고 생각하는 것입니다.

그런 다음, 그 상징에 대해 개인적으로 또는 집단의식 차원에서

---

5 '창조'란 우주의 만물을 만들어 내는 근원을 뜻한다. '창조주^{creator}', '위대한 모든 것$^{All\,that\,is}$', '하나 되는 것$^{the\,One}$', '원천^{source}', '우주^{universe}' 등으로도 불린다. 또한 문자 그대로 다양한 경험을 만들어 낸다는 의미를 지닌다. 이 책에서도 종교에 관한 질문에 대한 답으로 '창조'와 개인의 관계에 대해 이야기한다.

어떤 의미를 부여하고 있는지 유심히 살펴봅니다.

이어 그 상징을 완전히 중립적인 시각으로 바라봅니다.

만약 자신이 부여한 의미가 자신이 바라는 것이라면, 그대로 계속 확대해 나가면 됩니다. 하지만 바라는 것이 아니라면, 중립적인 시각으로 돌아와 자신이 원하는 의미로 새롭게 바꾸어야 합니다.

물리적 현실의 모든 것을 자신의 의식적 자세를 나타내는 하나의 상징으로 바라보는 것입니다. 예를 들어, '나의 의식은 책상이나 의자에 어떤 의미를 부여하고 있는가?', '그것을 사용할 때 나의 태도는 어떤가?' '책상이나 의자를 사용할 때 어떤 자세를 취하고 있는가?' 하고 스스로에게 질문해 보는 것입니다.

여러분은 그 물질에 파동을 보내고 있으며, 그 물질이 그런 형태로 존재하도록 허용하고 있습니다. 이 점을 깊이 이해하게 되면, 자신의 현실을 바꿀 수 있게 됩니다. 이제 여러분이 이미 만들어 낸 비유를 이미지워크를 통해 하나씩 풀어가 보겠습니다.

바샤르의 키워드

파동 vibrations

강이나 바다에 물결이 이는 장면을 본 적이 있을 것이다. 우리도 이와 마찬가지로 소리, 빛, 전파 등 파장, 파형, 진폭, 주파수를 가진 '파동'에 둘러싸여 있다.

우리 몸과 세포를 비롯해 모든 물질을 구성하는 원자, 그리고 그보다 작은 소립자는 항상 진동하며 파동을 일으킨다는 사실이 양자역학에서도 밝혀졌다.

물질뿐 아니라 물리적인 움직임이나 자세도 파동을 가진다. 이 장에서 바샤르가 언급했듯, 사고와 감정 등 의식 또한 진동하고 파동을 일으킨다. 새로운 파동이 우주를 향해 발신될 때, 그것은 초대장처럼 받아들여진다.

만물은 각각 형태와 힘, 진폭, 진동수가 다양한 고유의 파동을 일으키며, 서로 공진하고 공명하며 전달된다. '주는 것이 받는 것'이라는 우주의 법칙에 따라, 한 사람 한 사람이 체험하는 현실은 각자의 의식이 가진 고유한 진동과 파동에 의해 만들어진다. 이 책에서는 이를 다양한 각도에서 설명하고 있다.

주파수 frequency

파동 현상을 논할 때, 단위 시간 안에 같은 상태가 반복되는 횟수를 주파수라고 하며, 1초 동안 n회의 반복이 있을 경우 n헤르츠^{Hz}로 표시한다.

인간이 시각으로 볼 수 있는 주파수대나 귀로 들을 수 있는 음성의 주파수대는 매우 한정된 좁은 범위에 불과하다. 그 외에도 우주에는 아주 작은 주파수부터 엄청나게 큰 주파수까지 무한히 존재한다.

이미지워크
마법의 열쇠로 상징을 푼다

준비가 되었다면 눈을 뜬 채로, 손 위에 자신만의 열쇠가 있다 상상해 보세요.

여러분의 현실을 바라는 쪽으로 이끌 열쇠입니다.

손 위의 열쇠가 모양을 계속 바꾸나요?

이는 당신의 에너지가 얼마나 역동적인지를 보여 주는 증거이므로 그대로 놔두는 게 좋습니다.

열쇠의 모양이 변하지 않아도 상관없습니다.

자신이 생각하기에 '이거다' 싶은 열쇠를 떠올리면 됩니다.

이제 눈을 감고 그 마법의 열쇠를 똑똑히 보세요.

그런 다음 손을 움직여 열쇠를 잡습니다.

손을 움직여 보세요.

여러분의 실제 행동은 그 자체의 파동을 지녔습니다.

중요한 건 바로 그것입니다.

이런 상상을 해 봅시다.

당신은 지금 나무로 된 넓은 방 안에 홀로 서 있습니다.

그리고 눈앞에는 평범한 나무 테이블이 있습니다.

저는 그저 기본적인 방향을 제시할 뿐입니다.

그러므로 상상 속에서 다른 방향으로 가기 시작하면 자연스럽게 따르세요.

【 돌 】

같은 나무 테이블 위에 돌이 하나 놓여 있습니다.
어떤 색깔이든, 어떤 모양이든, 어떤 식으로 보든 상관없습니다.
테이블 위에 놓인 돌을 바라보세요.
손에 쥔 열쇠를 더욱 단단히 잡습니다.
돌 어딘가에 열쇠 구멍이 있습니다.
그럼 실제로 손을 움직여 그 열쇠를 열쇠 구멍에 집어넣습니다.
아직 돌리면 안 됩니다.
열쇠 구멍에 넣기만 합니다.
3부터 1까지 거꾸로 세어 보세요.
3, 2, 1.
열쇠를 돌립니다.
딸깍.
열쇠를 그대로 둔 채 손에서 놓고 잠시 바라봅니다.
그러면 잠겼던 돌이 열리고 단단한 차원이 풀리며, 돌이 당신에게 보여 주고 싶은 모습이 나옵니다.
당신은 그 모습을 그저 바라봅니다.

그 모습이 점점 커지면, 당신은 돌 안으로 깊숙이 들어갑니다.

돌은 점점 더 크게, 크게 성장합니다.

돌이 커질수록 당신은 그 돌의 더 깊고 깊은 곳으로 들어갑니다.

당신 주변에 있는 돌의 구조를 살펴보세요.

당신 주변에 있는 원자의 구조를 살펴보세요.

당신은 돌 안에서 점점 더 작아집니다.

손을 뻗어 돌 안의 느낌을 느껴 보세요.

어떤 느낌인가요?

되도록 자세하게, 돌 안을 여러 가지로 느껴 보세요.

냄새를 맡아 보거나 맛을 봐도 좋습니다.

돌에서 어떤 소리가 들리진 않나요?

그와 동시에, 이 돌에서 어떤 느낌을 받는지 주의를 기울여 보세요.

돌의 파동과 자신의 파동을 조화시키고 느껴 봅니다.

그 돌에 관해 자신이 알게 된 것에 주의해 보세요.

그럼 이제, 자신의 의식을 확대하고 돌 안에서 나와 원래 크기로 되돌아옵니다.

돌은 원래 크기로 돌아와서 다시 눈앞의 탁자 위에 있습니다.

열쇠는 아직 꽂혀 있습니다.

손을 뻗어 그 마법의 열쇠를 집습니다.

원래 방향으로 돌려서 잠급니다.

딸깍.

열쇠를 빼서 다시 손에 쥡니다.

돌이 가진 지식과 파동을 당신에게 나누어 준 것에 감사합시다.

이제 돌은 테이블 위에서 사라집니다.

【 식물 】

이번에는 테이블 위에 식물이 놓여 있다고 상상해 봅니다.

나무든 꽃이든 상관없습니다.

이 식물의 표면에도 열쇠 구멍이 있습니다.

열쇠를 꽉 잡고 구멍에 넣습니다.

3, 2, 1.

열쇠를 돌립니다.

딸깍.

잠겼던 것이 열립니다.

열쇠에서 손을 떼고…….

식물이 점점 커집니다.

그 안에 있는 다양한 것들을 보여 주기 시작합니다.

당신의 의식은 점점 작아져서 식물의 구조 안으로 들어갑니다.

주위를 둘러보세요.

빛을 보세요.

온도를 느껴 보세요.

식물 안에서도 돌 속에서 했던 것을 똑같이 해 보세요.

촉감을 느끼고, 냄새를 맡고, 맛을 보고, 귀를 기울여 봅니다.

여기서도 가장 중요한 것은 그 식물의 파동 속에 자신을 두고 이를 느끼는 것입니다.

식물이 알고 있고, 가지고 있는 지식을 당신에게도 알려 줍니다.

의식을 원래대로 확대하고 식물에서 나와 그 식물을 자신의 눈으로 봅니다.

열쇠는 아직 꽂혀 있습니다.

실제로 손을 뻗어 열쇠를 쥡니다.

원래대로 돌려서 식물을 잠급니다.

딸깍.

열쇠를 빼서 손에 쥡니다.

그 식물에도 감사 인사를 전합니다.

"당신의 파동을 공유해 줘서 정말 감사합니다."

식물도 사라집니다.

【 동물 】

이번에는 테이블 위에 좋아하는 동물이 있다고 상상해 봅니다.

동물의 심장 부분에 열쇠 구멍이 있는 것을 발견합니다.

그러면 다시 열쇠를 꽂습니다.

3, 2, 1.

딸깍.

동물이 열립니다.

열쇠에서 손을 떼고…….

동물의 의식이 점점 확대되고 당신은 그 안으로 들어갑니다.

동물의 몸을 지녔다는 것은 어떤 느낌인지 느끼면서 지나갑니다.

옷을 입어 보듯 잠깐 그 동물을 입어 보고 어떤 느낌인지 감각을 느껴 보세요.

당신은 점점 더 작아지고 동물의 더 깊은 원자 구조 속으로 들어갑니다.

동물의 세포와 원자를 만져 봅시다.

구조 안에 있는 다양한 파동을 느낍니다.

동물은 대체 뭘 보고 있는 걸까요?

당신도 같은 눈으로 바라봅시다.

동물이 느끼는 것을 당신도 느껴 보세요.

동물이 보는 것, 느끼는 것을 당신도 자신의 감각으로 느껴 보세요.

파동을 그저 느끼면서 동물이 무엇을 알고 있는지를 느껴 봅니다.

당신의 의식이 다시 커지고 동물에서 밖으로 나옵니다.

동물도 원래 있던 곳으로 돌아옵니다.

동물은 열쇠를 꽂은 채 눈앞에 있습니다.

손을 뻗어 열쇠를 잠급니다.

딸깍.

동물에 꽂혀 있던 열쇠를 빼냅니다.

동물에게도 감사 인사를 합니다.

"당신의 파동을 공유해 줘서 감사합니다."

이제 동물도 사라집니다.

【 진정한 나 】

이번에는 자신이 또 한 명 눈앞에 서 있다고 상상해 봅시다.

눈앞에 보이는 자신의 마음에도 열쇠 구멍이 있는 것을 볼 수 있습니다.

사랑을 담아 부드럽고, 따뜻하게, 그 열쇠를 살짝 밀어 넣습니다.

3, 2, 1.

딸깍.

잠겼던 것이 열립니다.

열쇠에서 손을 떼고…….

당신의 의식은 점점 점점 작아집니다.

그에 따라 눈앞에 있는 자신의 의식이 점점 보이기 시작합니다.

그 안으로 더 들어가 봅시다.

진정한 나는 어떤 사람인지 느껴 보세요.

진정한 자신을 느껴 봅시다.

두려움, 슬픔, 불안…….

내 안에 있는 감정이 무엇이든, 그저 나오는 것을 지켜봅니다.

당신은 완전한 장소에 있습니다.

또한 편안한 곳이기도 합니다.

어떤 감각, 감정을 느껴도 좋습니다.

그 감각, 감정을 느끼면서 동시에 내 안에 있는 기쁨과 감사의 마음도 느껴 봅니다.

당신은 '창조'와 '우주'로부터 축복을 받고 있습니다.

그걸 느껴 보세요.

당신 안에 있는 모든 원자를 느껴 보세요.

진정한 자신의 모든 것을 느껴 보세요.

당신이 바라는 모든 것을 느껴 보세요.

자, 심호흡을 합시다.

크게 숨을 들이쉬고……, 그리고 크게 내쉽니다.

두 번 더.

아주 상쾌해진 느낌이 들 것입니다.

긴장을 풀고 해방된 기분을 느낍니다.

당신은 당신이 알고 싶어 하는 모든 것을 알 자유가 있습니다.

그러면 의식을 확장하고 자신에게서 나와서 당신 앞에 서 있는 자신을 보게 됩니다.

열쇠는 꽂혀 있습니다.

눈앞에 있는 자신이 직접 열쇠를 빼서 당신에게 그 열쇠를 돌려줍니다.

열쇠를 받은 당신은 감사의 마음을 전합니다.

"고맙습니다."

"나는 나 자신에게 감사합니다."

"나는 '위대한 모든 것'에도 감사합니다."

그때, 나 자신의 모습도 사라집니다.

【 지구 】

이번에는 거대한 지구를 상상해 봅시다.

지구 위에서도 열쇠 구멍을 찾을 수 있습니다.

자신이 가지고 있는 마법의 열쇠를 열쇠 구멍에 꽂아 넣습니다.

3, 2, 1.

딸깍.

지구가 열립니다.

열쇠에서 손을 떼고…….

잠시 뒤에 서서 지켜봅니다.

지구는 점점 점점 더 커집니다.

당신은 반대로 점점 작아져서 지구의 원자 근처까지 갑니다.

지구의 깊은 힘을 자기 주변에서 느껴 보세요.

지구의 깊은 의식을 자기 안에서 느껴 보세요.

지구의 깊은 사랑이 당신 자신으로부터 파동이 되어 퍼져 나갑니다.

지구상에 있는 의식과 생명, 모든 것을 향해, 당신 안에서부터 사랑의 파동이 빛을 발하고 있습니다.

그것을 느껴 보세요.

그 에너지는 모든 것을 하나도 빠짐없이 전부 지원하고 응원하고 영양을 공급합니다.

모든 존재에게 영원히, 충분하게 공급할 수 있습니다.

지구의 지식을 느껴 보세요.

고대로부터 지금에 이르는, 그 창고함을 느껴 보세요.

그 변화를 느껴 보세요.

그 영원함을 느껴 보세요.

지구의 영혼을 느껴 보세요.

지구가 알고 있는 것을 느낄 수 있습니다.

지구가 느끼는 것을 느껴 보세요.

그럼 크게 심호흡합시다.

크게 들이마시고……, 그리고 내뱉습니다.

당신은 지금 지구의 중심에 누워 잠들어 있습니다.

그런 자신을 느껴 보세요.

충분히 느끼고…….

지구에서 나와 눈을 뜹니다.

눈앞에 있는 지구를 봅니다.

지구에서 열쇠를 뽑고 감사 인사를 합니다.

"당신이 느끼는 것을 느끼게 해 줘서 고맙습니다."

이제 지구도 사라집니다.

방도 사라집니다.

【 자기 자신 】

자, 당신은 지금 아름다운 고원에 서 있습니다.

따사로운 산들바람이 불어옵니다.

근처에 있는 물가에서는 반짝반짝 햇빛을 반사하고 있습니다.

손에 들고 있는 열쇠도 고운 빛을 반사하고 있습니다.

이번에는 열쇠를 갖고 있는 자신의 마음에서 열쇠 구멍을 발견합니다.

실제로 손을 움직여 그 열쇠 구멍에 열쇠를 집어 넣습니다.

3, 2, 1.

딸깍.

잠겼던 것이 열립니다.

열쇠에서 손을 떼고…….

이번에는 열쇠가 열쇠 구멍에서 훨씬 더 깊게, 마음속으로 사라집니다.

열쇠 구멍도 사라집니다.

당신은 다시 완전한 존재가 됩니다.

완전한 존재이면서도 항상 열린 마음을 가지고 있습니다.

이러한 방법으로 지구상의 그 어떤 상징에 대해서도 배울 수 있습니다.

광물, 식물, 동물, 인간, 행성. 무엇이든 지금처럼 방을 상상하고 그 안에 이해하고 싶은 것을 상징으로 봅니다.

거기에 열쇠 구멍을 찾아서 열쇠를 꽂아 넣고, 상징인 열쇠를 엽니다.

그 상징이 당신에게 무엇을 알려 주고 싶은지 그냥 느껴 보세요.

세계는 당신에게 상징입니다. 심벌입니다.

당신이 읽을 수 있는 '인생'이라는 책 자체입니다.

이 열쇠는 모든 열쇠를 열 수 있는 당신의 상징입니다.

그 열쇠는 당신이 지닌 최상의 사랑입니다.

빛나게 해 주세요.

그러면 심호흡하고 눈을 뜹니다.

일어나서 몸을 쭉 폅니다.

쭉 펴고…….

팔을 힘껏 뻗어 하늘까지 닿을 듯이 옆으로도 앞으로도 쭉쭉 폅니다.

자신을 다정하게 안아 주십시오.

여기에 있는 '위대한 모든 것'에 감사의 마음을 느낍니다.

그리고 자리에 앉습니다.

이제 여러분은 어떤 차원의 정보에도 접근할 수 있는 강력한 도구를 손에 넣었습니다.

모든 차원의 정보에 지금처럼 연결할 수 있다는 것을 기억하세요.

이 모든 물리적 실재는 그저 에너지를 상징하는 것일 뿐입니다.

이는 여러분에게 보내는 정보이자 메시지입니다.

여러분은 지금 그 정보를 풀 열쇠를 가지고 있습니다.

언제나 그 열쇠를 잘 보관해 줘서 감사합니다.

그리고 당신이 이미 그 열쇠를 가지고 있었다는 것을 기억할 기회를 주어서 감사합니다.

자신이 열쇠 그 자체라는 자세를 가져 줘서 감사합니다.

상징을 없애고 변경하는 방법

이제 우리는 사물을 어떻게 중립적으로 바라보고, 그것을 어떻게 바꿀 수 있는지 이야기하려고 합니다.

우리는 이미 "어떤 상황도 그 자체가 본질적으로 지닌 의미는 없다"고 말했습니다. 이 물리적 현실에서 일어나는 모든 일, 그리고 모든 상징과 비유는 본질적으로 중립적입니다. 의미는 여러분이 부여하는 것입니다. 그 의미를 부여함으로써 이 물리적 현실에 어떤 영향을 미칠지가 결정됩니다.

우리가 항상 사용하는 예시를 통해 이 개념을 설명하겠습니다. 다만 이번에는 평소보다 조금 더 나아가, 어떤 상황에서도 스스로 해제할 수 있는 방법, 도구에 대해 이야기하려 합니다.

여러분은 집단의식이 부여한 상징적 의미를 이해하고, 그것을 자신이 원하는 방향으로 바꿀 수 있어야 합니다.

【 눈앞에서 전철을 놓치다 】

쉬운 예로 전철을 들 수 있습니다.

여러분이 인생에서 매우 큰 의미를 지니는 회의에 참석해야 한다고 가정해 봅시다. 몹시 중요한 회의이기 때문에, 지각하지 않기 위해 서둘렀습니다. 전철 시간에 맞추어 할 수 있는 준비를 모두 하고 나왔습니다.

최대한 주의를 기울여 할 수 있는 모든 것을 다 했음에도, 막상 역에 도착해 보니 전철은 이미 출발한 뒤였습니다.

여러분은 플랫폼에 서서, 전철이 떠나는 광경을 지켜봅니다.

전철이 코너를 돌아 더 이상 보이지 않게 될 때까지 그 모습을 바라봅니다.

평소대로라면, 이런 상황에 부정적인 의미를 부여하고 화를 내거나 짜증을 낼 겁니다. "중요한 회의에 가야 하는데 전철을 놓쳐 버렸으니, 이제 내 인생은 끝이야!" 하고 말입니다. 치밀어 오르는 화를 억누르지 못한 채 사무실로 가서 화풀이할 대상을 찾고는 이렇게 퍼붓게 될 수도 있습니다. "그 거래처는 왜 일을 그렇게 처리하지? 그쪽이 미팅을 애매한 시간대로 잡아서 지각했잖아."

하지만 여기서 반드시 알아야 할 것이 있습니다. 이 상황 자체에는 부정적인 의미가 없습니다.

그러니 잠시 시간을 되돌려, 조금 전 상황으로 다시 돌아가 봅니다. 플랫폼으로 돌아갑니다. 여러분은 죽기 살기로 뛰어 역까지 왔습니다. 그런데 막 전철이 출발했습니다.

"안녕, 잘 가~."

전철을 놓친 허무한 마음에 장난처럼 전철을 향해 인사를 건네던 여러분은 문득 깨닫습니다. 이런 상황에서도 부정적인 의미 대신 긍정적인 의미를 부여할 수 있다는 사실을 말입니다.

그렇게 생각하는 순간, 어린아이처럼 놀라움에 눈을 뜹니다.

"나는 할 수 있는 모든 것을 다 했어. 그럼에도 전철을 놓쳤다면, 분명 어떤 긍정적인 이유가 있는 거야. 왜냐하면, 내가 그렇다고 결정했기 때문이야."

이렇게 생각함으로써 여러분은 긍정적인 파동을 세상에 보내게 됩니다. 그리고 여러분이 보낸 그 파동은, 반드시 현실로서 되돌아옵니다. 상황 자체에는 애초에 고정된 의미가 없기 때문입니다. 이 사실을 깨달으면, "왜 이런 일이 일어났을까?" 하고 그 상황을 즐거운 마음으로 바라볼 수 있게 됩니다. 그때 여러분은 가슴 설레는 마음으로 여러 가지 가능성을 상상합니다. 점점 꿈꾸는 듯한 상태로 빠져듭니다.

꿈의 세계에서 플랫폼에 서 있으면, 다음 열차가 들어옵니다. 이미 회의 시간에 늦은 것을 알기에, 이 전철을 서둘러 타 봤자 아무 소용이 없다는 것도 알고 있습니다.

그때, 몇 년 동안 만나지 못했던 옛 친구가 열차에서 내리는 모습을 보고 깜짝 놀랍니다.

친구가 말합니다.

"널 놀라게 해 주려고 만나러 가는 길이었는데, 여기서 마주치다니. 너에게 딱 맞는 일을 제안하려고 왔어. 이 제안을 들으면 정말 가슴이 설렐 거야."

여러분은 그 순간 깨닫습니다.

"아까 전철을 탔더라면, 나는 이 기회를 놓쳤을 거야. 나에게는 이게 더 중요한 일이었구나."

긍정적인 의미를 부여했기 때문에, 플랫폼에 남아 친구가 오는 순간을 맞이할 수 있었던 것입니다. 만약 화를 내고 어디론가 가 버렸다면, 이런 만남은 일어나지 않았을 것입니다. 물론, 화를 내고 플랫폼을 나간다 해도 친구가 찾아올 수도 있었겠지만, 반대로 서로 만나지 못했을 가능성도 있습니다.

모든 것은 여러분이 얼마나 부정적인 의미를 고집하는지, 그리고 얼마나 상황에 긍정적인 파동을 부여하는지에 달려 있습니다.

인생은 그런 일이 일어나는 것을 스스로 허용할 때 비로소 그렇게 전개됩니다. 이것은 단순한 동화가 아닙니다. 모든 것은 놀라울 정도로 빈틈없이 연결되어 있습니다.

그러니 여러분이 그 일이 일어나는 것을 허용해야 실제로 일어날 수 있습니다.

그 이유를 모두 이해하지 못하더라도, 인생에 일어나는 모든 상황에 긍정적인 의미를 부여하기 시작하면, 좋은 일들이 자연스럽게 일어나기 시작합니다.

더 앞으로 나아가서

전철의 예는 지금까지 여러 번 들어온 것입니다. 이번에는 이 예를 사용해 조금 더 앞으로 나아가 봅시다.

그러면 필름을 다시 돌려 처음 플랫폼에 도착한 지점으로 돌아갑니다. 전철은 이미 떠났습니다. 그리고 여러분은 이제 무엇을 말해야 하는지 알고 있습니다.

"안녕, 잘 가~."

하지만 이번에는 긍정적인 의미나 부정적인 의미를 그 상황에 대입하기 전에, 전혀 다른 접근을 시도합니다. 여러분이 집단의식 차원에서 이미 이 상황에 포함시켜 놓은 기본적인 의미를 살펴보는 것입니다.

그럼 시나리오 안으로 들어가 봅니다. 당신은 역 플랫폼에 서 있습니다. 주변에는 다른 사람들이 있을 수도 있습니다. 전철이 점점 멀어져 가는 모습이 보입니다.

이제 상상 속에서 잠시 빠져나와 몸이 붕 뜬 상태로, 약 45도 각도로 비스듬히 뒤로 물러나 전체를 둘러봅니다. 그리고 완전히 중립적인 시각으로 이 상황을 관찰합니다.

그런 상태에서, 이 상황이 발생하기 위해 필요했던 다양한 요소들을 하나하나 살펴봅니다. 생각할 수 있는 수많은 가능성을 말입니다.

전철이 오는 시간에 딱 맞게 도착했다. 여기에 긍정적인 의미를 부여했다.

전철이 오는 시간에 딱 맞게 도착했다. 여기에 부정적인 의미를 부여했다.

전철이 오는 시간에 딱 맞게 도착하지 못했다. 여기에 긍정적인 의미를 부여했다.

전철이 오는 시간에 딱 맞게 도착하지 못했다. 여기에 부정적인 의미를 부여했다.

이렇게 다양한 가능성을 살펴봅니다.

이번에는 그 전체를 하나의 에너지 그림처럼 바라봅니다. 빛이 상호작용하여 줄무늬를 만들어 내는 이미지처럼 말입니다. 상상 속에서, 그 에너지를 어떤 상징적인 그림으로 형상화해도 좋습니다. 타로카드처럼 한 장면이 멈추거나, TV 화면처럼 이미지를 정지시키는 방식도 괜찮습니다. 혹은 여러 물체가 등장하여 서로 연결되어 있는 듯한 인상을 주는 방식으로 볼 수도 있습니다.

어떤 상징적 형태가 떠오르든 상관없습니다. 중요한 것은 다음 행동을 빠르게 이어 가는 것입니다. 이 전체 상황의 포괄적인 의미와 이유가 무엇인지를 내 안에서 떠올려 봅니다.

그리고 나면, 비즈니스 미팅이나 친구와의 만남 같은 세세한 수준이 아니라 집단의식 차원에서 지닌 근본적인 의미를 끌어낼 수 있습니다. "타이밍을 신뢰하라"는 것이 이 상황이 가진 근본적인 의미임을 문득 깨닫게 될 수도 있습니다.

그리고 여러분은 이해하기 시작할 것입니다. 지금 이 상황을 통해, 여러분의 영혼이 이 인생에서 선택한 큰 주제 중 하나, 즉 타이밍을 신뢰하는 것을 스스로에게 가르쳐 주려 했다는 사실을.

그다음에는 이 깨달음을 자신의 몸과 의식에 통합하고, 그 상황을 다시 하나하나 살펴봅니다. 그러면 모든 타이밍이 마치 오케스트라처럼 조화를 이루고 있다는 것을 볼 수 있습니다.

이 세계는 여러분 의식의 비유이며 상징으로서 나타납니다. 그 파동의 상태에 따라 비유와 상징이 현실로 드러납니다.
그러니 우연은 존재하지 않습니다.
옆에 앉은 사람이 누구인지, 그가 어떤 옷을 입고 있는지, 이 모든 것은 결코 우연이 아닙니다. 물론 그것이 개인에게 얼마나 깊은 의미를 지니는지는 사람마다 다를 수 있습니다. 그러나 전체 흐름 안에서는 모든 것이 의미를 가집니다. 마치 하나의 거대한 오케스트라처럼 말입니다.
그리고 전체적으로 볼 때, 거기에 있는 모든 사람들도, 각자 정도의 차이는 있지만 전체로부터 지지를 받고 있습니다.
모든 것은 타이밍의 패턴으로 보입니다. 매 순간, 모든 상황은 여러분이 내보내는 의식의 파동과 그 본질을 관찰할 기회를 제공합니다.
예를 들어 교통 체증에 시달릴 때도, 어차피 거기에 있는 것이라면 이 상황이 자신에게 어떤 타이밍을 알려 주려 하는지를 살펴봅니다.
이때 '내가 뭔가 부족해서 이런 현실을 만들었어'라고 자신을 탓하려는 생각은 잠시 옆으로 밀어 둡니다.
여러분이 할 수 있는 최선을 다하고 있다면, 그 상황이 보여 주는 상징을 신뢰하는 것입니다.
또한, 이런저런 일이 다양한 방법으로 일어나는 그 원리를 몰라도 된다는 것, 그리고 자신에게 무엇을 의미하는지를 꼭 의식적으로 알 필요는 없다는 것도 믿어야 합니다.

어떤 교차로에서 신호에 걸려 5분 동안 기다리느라 짜증이 났다고 가정해 봅시다. 그러나 달리 생각해 보면, 신호에 걸리지 않고 교차로를 그대로 통과했다가 사고를 당했을지도 모릅니다. 이런 상황을 피한 덕분에, 여러분의 안전이 지켜졌을 가능성도 있습니다. 5분을 기다린다는 것이 무엇을 의미하는지는 여러분이 결코 알 수 없습니다. 그렇다고 해서 자신이 무엇을 만들어 내고 있는지를 지나치게 의식할 필요는 없습니다. 이 점을 반드시 명심해야 합니다. 타이밍이 진실이라는 것을 믿는 것이 중요합니다.

여러분 안쪽 깊숙한 곳에서 모든 것이 정리되어 움직이고 있다는 사실을 믿으면 됩니다.

이 세계는 정말로 여러분에게 꿈의 세계입니다.

우리 모두는 함께 이 꿈을 꾸고 있습니다.

지금 이렇게 교류하고 있는 우리 또한, 어떤 의미에서는 여러분과 함께 이 꿈을 만들어 내고 있는 것입니다.

여러분의 현실과 우리의 현실이 중첩되기를 선택한 부분이 여기에 있으며, 같은 의미를 갖고 있다고 양쪽이 동의한 상징이 바로 여기에 있습니다.

바샤르의 키워드

오버소울 over-soul

집단적 에너지이며, 현재의 인생, 전세, 내세, 병행하는 인생의 모든 것을 종합한 집합의식을 말한다. 다르게 말하면, 오버소울(고차원의 영혼)이 소울(영혼)을 만들고, 소울은 스피릿spirit, 정신을 만든다. 그리고 스피릿은 고차의식과 물질 차원의 의식으로 나뉘어, 그 둘을 합친 것이 인간이라는 존재가 된다. 누구나 오버소울의 일부다.

전세, 현생, 내세는 모두 동시에 진행되고 있으며, 오버소울은 수많은 소울, 고차원의 의식, 물질 차원의 의식, 윤회전생을 동시에 체험하고 있다. 바샤르가 다릴의 내세라고 한다면, 바샤르와 다릴은 같은 오버소울의 다른 모습이라는 뜻이 된다.

이 '모든 것은 동시에 진행된다'는 점은 종종 영화 필름이나 TV 프로그램에 빗대어 설명된다. 텔레비전을 떠올리면 매 순간 다양한 프로그램이 동시에 흘러나오지만, 한 번에 볼 수 있는 프로그램은 채널을 맞춘 하나뿐이다. 물질 차원의 의식은 하나의 프로그램에 집중하면 다른 프로그램에 대해서는 더 이상 의식하지 않지만, 오버소울은 모든 프로그램을 동시에 보고 있다.

바샤르는 과거 오버소울로서의 감각을 엿볼 수 있는 이미지워크를 소개한 바 있다. 이 이미지워크의 목적은 현실을 살며 느끼는 고통이나 두려움이 강해 아무것도 하지 못할 때 자신의 성격을 재결정화하는 데 있다(성격에 대해서는 이후 설명한다). 현재의 개성을 일단 해체하고 다시 재결정화하는 과정에서 오버소울의 시점을 체험할 수 있다.

이해하고 싶은 대상 그 자체가 되어 체험으로부터 배우는 방법은 오래전부터 교육할 때 사용되던 방법이다. 바샤르는 교육을 할 때 체험을 주체로 삼으면 좋다고 말한다. 이 장에 있는 '마법의 열쇠로 상징을 푼다'는 이미지워크도 같은 방법을 사용하고 있다. 오버소울에 대해서도 일단 이미지워크를 통해 체험해 보면 이해가 더욱 깊어질 것이다.

이미지워크

상징을 녹여 결정으로 만든다

다시 한번 눈을 감아 주세요.

오늘은 기침을 하는 분들이 많네요.

괜찮으니 편하게 기침해도 됩니다.

기침은 묵은 것을 밖으로 내보내는 상징적인 행위일 뿐이니까요.

이것은 여러분의 비유입니다.

이렇게 모든 것을 상징적으로 바라볼 수 있습니다.

그러니 자신을 무조건 사랑해 주세요.

자, 이제 눈을 감고 심호흡을 합니다.

앞에 놓인 빛나는 거울을 보세요.

나는 평소에 이렇게 보이는구나, 하고 생각하는 자신을 상상합니다.

그런 자신의 모습이 서서히 변하기 시작합니다.

거울 속에서, 자신과 반대되는 성을 가진 자신을 바라보세요.
남자라면 거울 속에서 여자의 모습을 볼 수 있을 것입니다.
여성이라면 거울에 남성의 모습이 비치겠죠.
여러분의 영혼은 양쪽의 에너지를 가지고 있습니다.
지금까지도 여러 번 남자로 태어나거나 여자로 태어났습니다.
지금, 잠깐 시간을 들여 거울 속 자신의 얼굴이 남자나 여자, 다양한 인종의 얼굴이 되는 모습을 지켜봅니다.
상대방도 거울 속에서 열린 마음으로 당신을 바라보고 있습니다.
이제 다음과 같이 말해 주세요.
"나는 이 모든 사람이다."
"나는 이 모든 사람의 마음을 이해할 수 있다."
"그들도 내 마음을 알고 이해할 수 있다."
그리고 이제 거울 속에 모든 사람의 얼굴이 한 번에 보입니다.
이어서 그 얼굴들이 가운데로 녹아들어 이제 하나의 빛이 됩니다.
여러분의 현실은 상징 이외의 그 무엇도 아닙니다.
거기에는 의식밖에 존재하지 않습니다.
자신의 의식이 몸 안에 있다고 생각하지 마세요.
여러분의 몸이 의식 안에 있는 것뿐입니다.
여러분의 몸은 여러분의 의식이 물리적 형태를 취한 표현입니다.
이 현실 세계란 여러분의 의식이 하나의 상징적인 형태를 취한 표현입니다.

여러분은 모든 방향에서 영원한 존재입니다.

'내면의 세계' 혹은 '외면의 세계'라고 하는데, 그것도 상징의 하나입니다.

모든 것은 하나입니다.

하나입니다.

전부입니다.

영원하고, 무한하며, 그리고 하나입니다.

그것은 단지 모든 가능성을 영원히 비춰 줄 뿐입니다.

모든 차원, 모든 우주, 모든 현실은 오직 하나의 의식을 나타낼 뿐이지요.

그저 상징일 뿐입니다.

그러면 거울이 사라집니다.

눈을 뜨세요.

다시 한번 크게 심호흡합니다.

정화의 호흡입니다.

숨을 내쉴 때는 이렇게 합니다.

"후우."

여러분이 창조한 숨결입니다.

숨을 들이쉴 때 오래된 상징을 녹이고 숨을 내쉴 때 새로운 상징을 결정으로 만듭니다.

여러분은 지금 창조의 용광로가 되어 있습니다.

오래된 상징을 녹이는 용광로입니다.
그리고 숨을 내쉴 때 새로운 상징을 결정으로 만드는 느낌을 기억하세요.
여러분은 살아 있는 빛입니다.
자신이 누구인지 기억해 주셔서 감사합니다.
이제 눈을 뜨고 일어서서 스트레칭을 하세요.
손을 최대한 높게 쭉 뻗고…….
그리고 자신의 모든 부분을 보듬어 줍니다.
그 반짝반짝 빛나는 열쇠를 기억하세요.
그러면 의자에 앉아 몸의 긴장을 풀고 편안히 하세요.
이제 질의응답 시간을 갖겠습니다.

내 안에 답이 있다

질문을 받기 전에 잠시 하고 싶은 말이 있습니다. 다음 사항을 한 사람도 빠짐없이 잘 기억해 두시기 바랍니다.
지금부터 직접 질문을 받고 다양한 생각을 이야기할 텐데, 이 대화에는 단 하나의 목적만이 있습니다. 바로 여러분 안에 이미 답이 있다는 것을 상기시키기 위함입니다. 여러분이 '창조'와 연결되어 있다는 사실을 기억하게 하는 것, 그것이 이 대화의 본질입니다. 그리고 여러분이 자신이 바라는 현실, 바라는 인생을 스스로 창조할 수 있도록 돕는 것입니다. 그렇게 되면, 여러분은 결국 자신 안에 답이 있다는 사실을 깨닫고, 굳이 저에게 물을 필요가 없다는 사실을 알게 될 것입니다.

저는 여러분이 저를 해고해 주기를 기다리고 있습니다. 그때가 되면, 우리는 '창조'된 만물 안에서 대등한 입장에서 교류할 수 있게 됩니다. 여러분의 문명과 우리의 문명이 함께 배우고, 나누고, 즐길 수 있게 되는 것입니다.

오늘날 우리 문명에도 우리를 얽매는 많은 것들이 있습니다. 여러분 의식 안에 숨어 있는 부분, 즉 자신을 작은 곳에 가두고 묶어두려는 그 부분이, 알고 있음에도 일부러 다른 이에게 질문을 하게 만듭니다.

하지만 기억하세요. 질문을 할 수 있다는 것 자체가 이미 자기 안에 답이 있다는 뜻입니다. 그렇지 않았다면 질문조차 떠오르지 않았을 것입니다.

그래서 저는 여러분이 질문할 때, 그 질문을 더 잘 이해할 수 있도록 함께 지켜보겠습니다. 또한 여러분이 미래에는 스스로 같은 답을 이끌어낼 수 있도록 돕겠습니다. 우리는 여러분에게 원하는 모든 것을 스스로 창조할 수 있는 힘이 있다고 믿습니다.

그리고 여러분이 그 재능을 발견하는 가장 좋은 방법은, 자신이 가장 가슴 설레는 일을 실제 행동으로 옮기고 그것을 나누는 것입니다. 가슴 설레는 일을 다른 사람과 나누는 것은 물리적 차원에서 그 일을 실현하는 첫 번째 단계입니다.

누가 어떤 질문을 하든, 그 질문은 여기 있는 모든 사람과 연결되어 있다는 것을 기억하세요. 우연은 없습니다. 그러므로 질문에 귀를 기울이고, 그 질문을 스스로에게 적용해 보세요. 그곳에서 다양한 차원의 진실을 듣게 될 것입니다. 마치 모두가 하나의 오케스트라를 연주하는 듯한 소리를 듣게 될 것입니다.

당신이 어디에 있는지, 어떤 사람인지, 무엇을 입고 있는지, 옆에 누가 앉아 있는지, 누구의 말을 듣고 있는지도 모두 우연이 아닙니다. 어떤 질문이든 진심으로 귀를 기울인다면, 우리가 사는 이 현실 전체가 하나의 노래로 들려오기 시작할 것입니다.

모든 사람은 '창조' 그 자체를 다양한 각도에서 비추는 거울입니다. 쓸데없는 것은 아무것도 없습니다. 남겨진 잔여물로서 이 지구상에 존재하는 것도 없습니다. 매 순간은 의미를 가집니다. 여러분 안에.

바샤르의 키워드

신경언어 프로그래밍 NLP, Neuro-Linguistic Programming

언어학자 존 그린더John Grinder와 심리치료사 리처드 밴들러Richard Bandler가 창안한 커뮤니케이션 기법, 자기계발 기법, 심리치료 기법 중심의 신경언어 관련 체계이다. 최면요법hypnotherapy의 밀턴 에릭슨 Milton Erickson, 게슈탈트요법Gestalt Therapy의 프리츠 펄스Fritz Perls, 가족치료의 버지니아 사티어Virginia Satir라는 세 명의 천재적인 치료사들이 사용했던 '말과 비언어nonverbal 사용법', '무의식 활용법'을 분석하고 체계화한 것이다. 심리치료 현장에서 활용되었고, 후에 비즈니스나 교육 등의 분야에서도 응용되었다.

간결하게 말하면, NLP란 '의식과 뇌라는 내적 세계'와 '현실이라는 외적 세계'의 관계를 연구하고, 그 관계 속에서 발견된 법칙을 말한다. '신경언어 프로그래밍'이라고 부르는 것은 인간이 외부 세계를 오감 즉 신경을 통해 인지하고 인식하며, 그 인지의 대부분이 언어를 통해 이루어지기 때문이다. 외적 세계를 내적 세계로 치환할 때 어떤 일이 일어나는가, 또는 내적 세계 안의 모상을 통해 외적 세계를 바라볼 때 어떤 일이 일어나는가를 연구해 실천적으로 활용할 수 있도록 한 것이다.

이처럼 바샤르의 정보에는 현실을 어떻게 인지하고 인식하는가, 하는 NLP적 요소가 상당수 포함되어 있으며, 모든 것은 거기서부터 시작된다고 할 수 있다. 예를 들어 이 장에 나온 전철을 놓치는 사례가 바로 그러하다. 눈앞에서 벌어지는 상황을 어떻게 인지하고 인식하는가, 그것에 어떤 의미를 부여하는가에 따라 이후의 체험이 달라진다. '당신이 주는 것이 당신이 받는 것이다.' '어떤 상황이든 처음부터 정해진 의미 같은 건 없다.'라고 바샤르는 반복해서 말한다. 모든 것은 중립적이며, 어떻게 인식하고, 어떤 의미를 부여하고, 그에 따른 현실을 체험할 것인가는 모두 자신의 선택이라는 것이다.

또한 가슴 설레는 일이나 꿈을 실현할 때 매우 유효하다고 알려진 '이뤄내는' 방법도 NLP 요소 가운데 하나다. 이 책에서도 이미 꿈이 실현된 시점과 가능한 한 가까운 상황을 만들거나 빌려온 뒤, 그 안에 몸을 두고 오감이나 감정을 사용하는 운동을 소개한다. 실제로 오감을 활용하여 신경언어로서 자기 안에 받아들이고, 이미 이룬 듯이 행동함으로써 실현을 끌어당긴다는 것이다.

바샤르와의 대담

Q1 의식은 어디에서 시작되었을까요?

Q1(남자) 의식에 대해 묻습니다. 의식에는 기원이 있나요?

바샤르 의식은 오직 '존재할' 뿐입니다. 시작도 끝도 없지요. 잘 생각해 보세요. 시간은 의식이 만들어 낸 것입니다. 의식은 시간의 산물이 아니에요. 거기에 있는 것은 그저 존재할 뿐입니다.

물리적 현실에서 이에 관해 이해하기에는 한계가 있겠지만, 다음과 같이 말하면 알기 쉬울지도 모릅니다. 지금 이 순간은 완전히 똑같은 순간입니다. 언제나 그곳에 있었죠. 그렇게 똑같은 영원한 순간을 다른 각도에서 바라볼 뿐입니다.

이 단 하나의 지금, 영원의 지금이 아닌 순간은 지금까지 없었습니다. 그리고 앞으로도 없을 것입니다.

시간은 환상입니다. 환상을 통해 한순간보다 더 많은 순간이 있는 것처럼 보이는 것입니다. '시간과 공간'이 그런 상징과 비유를 만들어 냅니다. '영원한 지금의 순간은 다종다양하며 무한히 있다'라는 것을 보여 주는 예시가 '시간과 공간'이라는 기법입니다.

하지만 '창조'에는 단 한 순간밖에 없습니다. 이 순간만 존재하죠. '위대한 모든 것'의 한 측면인 당신이 한순간밖에 존재하지 않는 이 순간, 이 지금을 여러 각도에서 바라보고 있는 것뿐입니다.

물리적 현실이라는 한계 속에서는 이러한 개념을 이해하기 매우 어려울 겁니다. 그래도 방금 전의 설명으로 조금은 알 수 있었을까요?

본질의 메시지

의식은 그저 존재할 뿐, 시작도 끝도 없습니다. 시간은 의식이 만들어 낸 산물입니다. 의식이 시간의 산물이 아닙니다.

Q2 저는 왜 이 일을 하는 걸까요?

Q2(여자)　4년 전부터 보석 디자인을 하고 있고, 지금은 다이아몬드를 많이 다루고 있습니다. 이 다이아몬드라는 돌은 인류, 지금의 지구에 어떤 역할을 하고 있을까요?

바샤르　의식과 의지의 명석함이 결정이 된 것으로 이를 상징적으로 보여 줍니다. 무슨 말인지 아시겠어요?

Q2　예. 알겠습니다.

바샤르　이걸로 충분한 대답이 되었을까요?

Q2　예. 그리고 또 하나, 저는 왜 현재 그런 다이아몬드를 위주로 보석 디자인을 하고 있는 것일까요.

바샤르　그야 당신의 가슴이 뛰기 때문이 아닐까요?

Q2　아, 맞아요. 그렇습니다.

바샤르　그보다 더 신비로운 이유가 있어야 합니까?

Q2　예. 있으면 좋겠죠.

바샤르　당신은 왜 그 일을 하고 있는 것 같습니까? 그 일을 하면 어떤 기분이 들죠?

Q2　사람을 빛나게 하고 플러스알파의 매력을 이끌어 내는 일을 하고 있다 생각합니다.

바샤르　그렇군요. 금전적으로는 당신에게 어떤 도움을 주고 있습니까? 스스로 풍족하다고 느낍니까?

Q2　　어느 정도는…….

바샤르　그 말은 '아니'라는 뜻인가요?

Q2　　예. 하하.

(청중, 웃는다.)

바샤르　솔직하게 말해 줘서 고마워요. 왜 풍족하다고 느끼지 못하는 걸까요?

Q2　　기업에 속해 디자인을 하다 보면 그 디자인이 팔릴지 안 팔릴지 같은 여러 가지 제약이 있습니다. 그러다 보니 압력이 상당합니다.

바샤르　다이아몬드도 압력을 줘서 만들어지는데, 당신도 압력을 받는군요.

Q2　　네, 그렇네요.

바샤르　당신도 지금 압력을 받아서 자신이라는 다이아몬드가 되려 하는 게 아닌가요? 다이아몬드를 자신에 대한 상징, 심벌로 활용할 수 있습니다. 다이아몬드에는 스스로 압력을 흡수하고 받아들이는 능력이 있습니다. 그리고 최종 형태, 즉 다이아몬드가 되면 그다음에는 아주 큰 압력을 받아도 아무렇지 않게 되죠. 압력을 받은 만큼 그 결과, 더 이상 압력을 느끼지 않게 되는 겁니다. 이것을 당신의 상징, 비유라고 본다면 다음과 같습니다. 당신도 자신의 중심을 확실히 느끼고 압력을 받으면 어떤 압력이 와도 영향을 받지 않게 됩니다. 그리고 자신의 인생에 압력을 만들지 않게 됩니다. 당신이 압력을 느끼는 이유는 아직 자신의 중심에 있지 않고 자신이라는 다이아몬드가 결정이 되지 않았기 때문입니다. 보석 디자인 하는 걸 좋아합니까?

Q   예, 아주 좋아합니다.

바샤르   다른 사람이나 회사를 위해서가 아니라, 자신을 위해 디자인을 해 보고 싶다고 생각한 적은 없나요?

Q2   늘 그렇게 생각하려고 합니다.

바샤르   한다는 건가요, 아니면 늘 생각만 하는 건가요?

Q2   지금은 그 균형을 잡기 위해 가능한 한 저 자신을 위해서 하는 거라고 생각하려고 합니다.

바샤르   균형을 잡으려고 할 필요는 없습니다. 당신이 하고 싶은 일을 하고 싶은 방법으로 할 때, 당신은 자연스럽게 균형을 잡을 수 있습니다.

"가장 가슴 설레는 일을 하세요."라고 우리가 말할 때, 거기에는 "가장 가슴 설레는 방법으로 하세요."라는 말도 포함되어 있습니다. 가슴 설레는 일을 하면서도 그 일을 가슴 설레는 방법으로 하지 않을 때는 가장 가슴 설레는 일이 아니게 됩니다. 그렇게 되면 당신은 균형을 잡지 못하게 되죠.

본질의 메시지

다이아몬드는 스스로 압력을 흡수하고 받아들일 수 있는 능력을 갖추고 있습니다. 자신의 중심을 확실히 느끼고 압력을 받아들이면 어떠한 압력을 받아도 영향을 받지 않게 됩니다. 그리고 자신의 인생에 압력을 만들지 않게 됩니다.

Q3 영혼이 단명하는 경우에 대해 말해 주세요

Q3(여자)　바샤르의 책에 "영혼은 동의하고 태어난다."라고 쓰여 있습니다. 또한 "사산처럼 짧게 살다 가는 것은, 아침에 급하게 다른 신발로 갈아 신는 것과 같은 일이다."라고도 쓰여 있었고요.

바샤르　예. 어떤 의미에서는 그렇습니다. 그런 육체가 없는 존재에 의해 봉사가 이루어지는 것입니다. 실제로 그러한 일을 통해 이 차원에 올 필요가 없던 존재가 그 상황을 자신의 성장에 유용하게 쓰는 것은 사실입니다. 무슨 말인지 아시겠어요?

Q3　예. 그리고 아이가 일찍 죽거나 낙태하는 것에 대해서도 궁금합니다. 사산과는 다르지만, 역시 의미가 있다면 들려주세요.

바샤르　눈에 보이지 않는 존재, 즉 영혼들은 낙태라는 경험을 여러 가지 방식으로 활용할 수 있습니다. 지구 차원에서 공통적으로 말할 수 있는 것은, 그런 상황을 통해 태어날 영혼과 낙태된 영혼 모두에게 의식이 집중된다는 점입니다.

이것은 여러분의 행성에서 자주 일어나는 일이지만, 대개 아이를 만들 때 자신과의 연결이 충분히 이루어지지 않거나, 에너지적으로 균형이 맞지 않을 때 이런 경험이 발생합니다.

하지만 그런 일이 일어났다고 해서 자신을 나쁘다고 판단할 필요는 없습니다. 낙태를 선택했다고 해도, 그것이 삶에 긍정적인 변화를 가져오는 계기가 될 수 있습니다. 그 경험을 통해 자신 깊은 곳의 어떤 부분이 움직이기도 하고, 동시에 반드시 그런 방식으로만 자신을 깨달아야 하는 것은 아니라는 점도 이해할 수 있게 됩니다. 다른 방식으로도 충분히 자신을 돌아볼 수 있다면, 굳이 고통스러운 경험을 반복하지 않아도 되는 것입니다.

그런 상징적인 행위나 사건이 자신에게 어떤 의미를 가지는지 들여다볼 수 있고, 만약 그 의미가 자신에게 더 이상 필요하지 않다면, 다음부터는 다른 방식으로 선택할 수 있습니다. 같은 깨달음도 더 부드럽고 조화로운 방식으로 얻을 수 있습니다.

또한, 사산이나 유산처럼 태어나지 못한 영혼들도 그 짧은 여정을 통해 다양한 목적을 실현합니다. 여러분이 '개성'이라고 부르는 성격적 측면은 보통 태어나기 직전이 되어서야 완성되며, 어떤 경우에는 태어난 후에 조금씩 형성되기도 합니다.

태어난 지 3년 이내에 갑작스럽게 세상을 떠나는 경우도 있습니다. 그것은 그 영혼이 그 생애를 통해 배워야 할 것을 모두 받아들이고, 더 이상 그 삶을 지속할 필요가 없다고 느꼈기 때문일 수 있습니다. 이 시기에는 육체와 영혼의 연결이 아직 완전히 굳어지지 않았기 때문에, 그 영혼은 자신의 짐을 정리하고 다음 여정을 향해 나아갈 수 있습니다.

우리 사회에서는 아이가 세 살이 될 때까지는 아직 사회의 일원으로 보지 않습니다. 그리고 세 살이 되는 날, 우리는 그것을 축하합니다. 그 아이가 우리 사회에 온 것을 공식적으로 환영하는 것이지요. 우리 사회에 대한 이야기는 여기까지 하고, 답이 되었나요?

Q3   예, 그렇다면 어머니인 사람과 낙태되는 아이는 동의를 하고 그런 일이 일어난 것일까요?

바샤르   물론입니다. 그리고 그렇게 헤어진다고 해서 그 의식과 두 번 다시 만나지 못하게 되는 것도 아닙니다.

본질의 메시지

실제로 그런 일이 일어나면, 육체를 갖지 않은 존재는 그 상황을 자신의 성장에 유익한 방식으로 활용할 수 있게 됩니다.

Q4 인생에서 누구의 조언을 들을지 고민됩니다.

Q4(남자) 바샤르와 새로운 종교의 저명한 리더, 어느 쪽의 이야기를 들을지 망설이고 있습니다.

바샤르 더 나은 세 번째 선택을 말해 드리겠습니다. 그 사람이나 나를 선택하는 대신 자신을 선택해 보는 것은 어떨까요?

Q4 아직 저 자신을 잘 모르겠습니다.

바샤르 모릅니까? 정말로? 사실이에요? 언제쯤이면 알 수 있을까요? '자신을 모른다'는 건 무슨 뜻일까요?

Q4 모두의 조언이 좋은 점이 있어서…….

바샤르 이렇게 생각하면 될 것 같습니다. 당신이 매 순간, 가장 빛나는 파동을 느끼는 쪽을 따라간다고요. 어느 순간에는 내가 전한 말이 마음 깊은 곳에서 울림을 일으켜 그것을 선택하게 됩니다. 그다음 순간에는 다른 이의 말이 당신의 감각을 흔들고, 그 흐름을 따라 선택하게 됩니다. 그리고 또 다른 순간, 전혀 예상치 못한 사람이 던진 말이 당신에게 정밀하게 맞아떨어진다면, 그것을 따르는 것도 좋습니다.

무엇을 따르든, 중요한 것은 그 선택을 내리는 존재가 당신 자신이라는 사실을 아는 것입니다. "지금은 이 사람이구나", "이번에는 저 방향이구나" 하고 느끼는 바로 그 감각의 중심에 당신이 있습니다. 이것이 바로 자신을 선택한다는 것입니다. 그리고 이는 "무엇이 나에게 가장 이로운지를, 그 누구보다 내가 가장 잘 알고 있다."라는 내면의 진실을 기억하는 연습이기도 합니다.

제가 전하는 말은 그저 하나의 제안일 뿐입니다. 그 제안을 어떻게 받아들이고, 어떻게 활용할지는 전적으로 당신에게 달려 있습니다. 순간순간마다 당신 안에서 일어나는 즐거움, 가슴이 두근거리는 설렘을 감지해 보세요. 그리고 그 감각을 믿으세요. 자신의 통합된 관점을 따라, 가슴 설레는 선택을 하세요. 아시겠어요?

Q4　모든 걸 융합적으로 생각하면 부정적인 부분이 긍정적이 된다는 말인가요?

바샤르　모든 게 그렇습니다. 단, 그렇다고 해서 반드시 부정적인 일이 일어나야 한다는 것은 아닙니다. 모든 게 긍정적으로 전환될 수 있다고 해서, 굳이 부정적인 방식을 계속 반복할 필요는 없다는 뜻입니다. 누군가가 부정적인 의도를 가지고 어떤 행동을 하더라도, 그냥 무시하면 된다는 말도 아닙니다.

제가 말하고 싶은 것은, 여러분 각자가 자신의 현실 그 자체라는 점입니다. 누가 어떤 의도를 가지고 있든, 당신의 개인적인 현실에서 일어나는 일들에 당신이 어떤 의미를 부여하느냐에 따라, 그 영향이 결정됩니다.

누군가가 실제로 부정적인 의도로 무언가를 했다고 해도, 당신이 거기서 긍정적인 면만을 본다면, 당신은 그 일로부터 긍정적인 영향만을 받게 됩니다. 그리고 당신이 그 상황을 환하게 웃으며 빠져나올 때, 그것을 본 상대방도 '긍정적인 쪽을 선택하는 편이 더 좋겠구나' 하고 깨달을 수 있을 것입니다.

부정적인 관념은 여러분을 속이려 합니다. 그 관념이 계속 유지되기를 바라기 때문입니다. 그래서 말도 안 되는 주장을 그럴듯하게 느끼게 만드는 트릭을 쓰는 것이죠.

다시 말하겠습니다. 어떤 일이든, 여러분이 긍정적인 의미를 부여하면 거기에서 긍정적인 영향을 받을 수 있습니다. 반대로 부정적인 의미를 부여하면, 그 영향 또한 부정적일 수밖에 없습니다.

물리적 현실에서 일어나는 모든 일은 상징, 하나의 심벌로 나타납니다. 그리고 여러분의 개인적인 현실에서 그 상징이 무엇을 의미하는지는, 여러분 스스로가 결정할 수 있습니다. 그렇게 의미를 선택함으로써, 여러분이 받게 될 영향이 정해지는 것입니다.

본질의 메시지

매 순간 당신이 가장 좋다고 느끼는 것을 선택하세요. 어떤 일이든 순간순간, 선택하는 주체가 자신임을 아는 것, 그것이 '자신을 선택한다'는 것입니다.

바샤르의 키워드

성격 personality

인격, 개성, 개인의 통일적이고 지속적인 특성의 총체를 말한다. 원래 의식 그 자체인 우리가 물리적인 현실을 경험하기 위한 구조이자, 물리적 현실에서 자신만의 고유한 경험을 하게 하는 요인이기도 하지만, 동시에 '위대한 모든 것', '무조건적 사랑'과 조화를 이룬 자기 본래의 파동을 통과하는 필터이기도 하다. 영혼으로서의 비물리적 현실에서 물리적 현실로 자신을 결정화시키고 육체를 가질 때, 이 인격의 틀, 필터 같은 것이 자신의 본래 파동 위에 겹쳐진다. 경험하는 현실은 이 필터를 통과한 후에 만들어진다.

따라서 이 성격이 '무조건적 사랑'과 조화를 이뤘던 자신 본래의 파동과 어긋나면, 가슴 설레는 일을 순조롭게 실행하지 못하거나 고통과 두려움 등 이른바 부정적인 감각을 느끼게 된다. 성격 구조에는 물리 차원에서 살아가기 위한 기본적인 세 가지 요소로 '관념, 감정, 행동'이 있다.

가장 기본이 되는 요소는 '관념'이다. 관념이란 '현실이란 이러이러한 것이다'라고 배웠거나 믿고 있는 정의를 말한다. 주변 어른(주로 부모)의 영향을 받아 성격은 점차 많은 정보를 얻게 되고, 특정한 패턴을 가진 관념 시스템으로 자리 잡는다. 대개 3세에서 7세 사이에 뚜렷하게 굳어지고, 그 후 인생에서 탐구해야 할 주제의 패턴으로 나타난다. 물리적 현실에서 체험하는 것은 전부 자신이 지닌 관념이나 정의, 믿고 있는 것에서 만들어진다. '자신이 자신의 현실을 만든다'고 하는 이유도 여기에 있다.

두 번째는 '감정'이다. 감정은 관념에서 생겨나며, 자신이 가진 관념과 관련된 감정이 생긴다. 따라서 반대로 감정을 통해 자신이 어떤 관념을 가지고 있지를 알아낼 수 있다.

세 번째는 '행동'이다. 관념이나 감정에서 물리적 행동, 즉 행동과 반응이 만들어진다. '감정'은 영어로 'emotion', 즉 움직임^{motion}을 일으키는 에너지^{e}로, 우리는 그 틀 안에서 이 세 가지 요소의 내용물을 끊임없이 바꿔 가며 저마다의 현실을 경험한다.

관념 belief

성격을 이루는 세 가지 요소 가운데 중심에 해당하는 것이다. 관념(신념)의 영어인 'belief'에는 긍정적이고 부정적인 양쪽 의미가 들어 있지만, 일본어에서는 '신념'이기도 하고 '관념'이기도 하다. 일본에서는 그것을 믿어서 잘되면 '신념', 잘되지 않으면 '관념'으로 구분하여 사용한다. 이 책에서는 'belief'를 '관념'으로 표기한다.

한 사람 한 사람이 경험하는 현실은 매 순간 이 '관념'에 의해 만들어진다. 현실은 거울과 같다고 바샤르는 설명한다. 이 현실은 자신의 마음속에 가장 강한 관념, 즉 믿고 있는 것을 비추는 거울이다. '주는 것이 받는 것이다'라는 우주의 법칙에 따라, 다른 것은 비추지 못한다. 현실은 자신이 지닌 관념, 사고라는 의식의 파동에 의해 만들어진다.

즉, 경험하고 있는 현실이 마음에 들지 않는다면, 자신이 믿는 관념을 찾아 바꿔 마음에 드는 현실을 만들 수 있다는 것이다. 관념을 찾기 위해서는 먼저 그 관념이 만들어 내는 현실을 보고 스스로에게 묻는다. '내가 이 현실, 상황에 있다는 것은 내 안에 어떤 관념이 있기 때문인가'라고. 또한 감정은 관념에 의해 생기므로 '이런 감정을 느끼는 것은 내 안에 어떤 관념이 있기 때문인가'

라고 탐구한다. 또는 자신이 평소에 말하고 있는 것, 의식에 오르는 것에 관심을 기울인다. 예를 들어 '관념을 찾아내서 바꾸라니 그게 그렇게 간단한가?'라고 생각했다면, 그 생각 자체가 이미 자신이 지닌 관념이다.

관념을 발견하면 어떻게 해야 할까? 관념은 발견되는 것만으로도 무력화되어 중립적인 것이 된다. 그래서 바샤르는 자신이 믿고 있는 관념을 깨닫기만 하면 된다고 말한다. 깨닫는다는 것은 이미 그 관념 자체가 없어진다는 의미이기 때문이다.

관념을 바꾸는 것이 왜 그렇게 어렵게 느껴질까? 어떻게 하면 그렇게 느끼지 않을 수 있을까? 바샤르는 부정적인 관념이 우리에게 거는 트릭 때문이라고 말한다. 인간이 부정적인 관념을 찾아 바꾸고, 주파수를 높일 수 있도록 '관념의 구조나 부정적인 관념의 성질을 이해하는 것, 그리고 부정적인 관념이 트릭을 걸 수 있다는 사실을 아는 것'이 중요하다고 강조한다.

Q5 창조주, 구세주, 자신 그리고 종교에 대해 말해 주세요.

Q5(남자) 창조주와 구세주, 그리고 지구인인 자신과의 관계에 대해서 묻겠습니다. 전세를 보고 구세주로 강림했다는 종교인이 있는데요, 어떻게 생각하시나요.

바샤르 여러분 안에도 그리스도의 의식이나 부처의 자질, 불성이 있습니다. 모든 존재는 '창조' 안에서 신의 자녀이며, 본질적으로 같은 근원에서 나왔습니다. 여러분이 '신'이라고 부르는 존재를, 우리는 '위대한 모든 것'이라고 부릅니다.

우리 문명에서는 '구세주'라는 표현을 사용하지 않습니다. 이유는 간단합니다. 여러분은 구원이 필요한 존재가 아니기 때문입니다. 그리고 누구도 타인을 대신해 구원할 수 없습니다.

다만, 여러분이 말하는 구세주는 이렇게 설명할 수 있습니다. 오버소울의 집합의식 속에서 '창조'의 일면을 반영하는 존재. 혹은 '하나가 되는 것 the one', '위대한 모든 것 the great all'이라고 부를 수도 있겠지요.

그 하나의 의식은 여러 층위로 정밀하게 나뉘며, 그중 지구 전체의 의식을 상징하는 층위가 여러분이 말하는 구세주의 역할을 합니다. 그리고 그 의식도 더욱 세밀하게 나뉘어 그 행성에 사는 개개인의 의식으로 분류됩니다.

그러므로 우리는 방금 말한 세 가지 존재, 창조주, 구세주, 개인을 이 거대한 완전성의 한 부분이 여러 개로 나뉘어져 있는 다른 차원으로 봅니다. 여러분이 구세주라고 부르는 것을 우리는 그저 '세계적인 영혼'이라고 부릅니다.

이 '세계적인 영혼'은 여러분의 세계에 여러 번 모습을 바꿔 나타났습니다. 그중 두 번은 그리스도와 부처입니다. 모든 문명과 세계는 저마다의 '세계적인 영혼'을 가지고 있습니다. 우리 문명의 고대 언어로는 그러한 존재를 '샤카나'라고 부릅니다. 그 에너지는 여러분이 말하는 그리스도나 부처와 매우 유사합니다. 어때요, 대답이 됐나요?

Q5   예. 그래서 저는 구세주라는 범주에 '위대한 자아'를 넣고 싶습니다.

바샤르   그것도 좋겠지요. 위대한 자아, 즉 상위자아는 꼭 작은 구세주 같은 존재라고 할 수 있겠군요. 위대한 자아, 상위자아는 이 개별적인 '물리차원의 의식'[6]과 앞서 말한 '세계적인 영혼' 사이에 있습니다. 그래서 상위자아와 자신의 파동을 합칠 때 개인이면서도 그 '세계적인 영혼'과 연결될 수 있는 것입니다.

Q5   제가 지금까지 살아온 모습을 되돌아보면, 항상 종교라는 문제가 얽혀 있었습니다. 종교라고 하면 꼭 교단이 생기고, 사람들이 모여서 조직을 만들게 되는 식이었어요. 왜 그런 식으로 흘러가는 걸까요?

바샤르   종교는 지구상에서 매우 독특한 체계입니다. 지구에서 표현되는 종교는 우리가 지금까지 접한 어떤 문명에서도 존재하지 않았습니다. 대부분의 문명은 '창조'와 더 직접적으로 관계를 맺기 때문입니다. 물론 여러분의 행성 안에서도 '창조'와 좀 더 직접적인 연관을 지닌 흐름은 일부 존재합니다.

---

[6] 영어로는 'physical consciousness' 상위자아에 대한 일상적인 의식을 가리킨다. 현재의식이라고도 한다.

하지만 지금 여러분이 알고 있는 종교라는 형태는 비교적 새로운 것입니다. 약 6000년 전, 외부 항성계로부터 어떤 의식이 주입되면서 시작되었습니다. 억압적이고 폐쇄적인 성향의 의식이 들어오며, 이전에는 존재하지 않았던 '조직'이라는 개념이 생겨났습니다. 그리고 사물을 세세하게 나누는 방식의 사고가 여러분의 집단의식 속에 들어왔습니다.

그 결과, 많은 이들이 자신이 본래 '창조'와 연결되어 있다는 사실을 잊게 되었습니다. 상위자아는 이 끊어진 연결을 회복하기 위해 물리차원의 의식을 감화시키려 했지만, 그 무렵에는 이미 전기회로가 끊기듯 의식 간의 흐름이 단절된 상태였습니다. 그렇게 되자, 여러분은 오직 종교라는 틀을 통해서만 창조와 다시 연결될 수 있다고 믿게 되었습니다.

처음에는 연결을 기억하는 사람이 극소수였기 때문에, 일부가 목사나 안내자, 지도자의 역할을 맡게 되었습니다. 그리고 많은 이들이 자신과 창조의 연결을 직접 경험하지 못한 채, 그들에게 스스로의 힘을 맡기게 되었습니다. 결국 메시지 자체가 아닌, 메시지를 전달하는 메신저를 따르기로 한 것이지요.

이러한 이유로 우리는 지금, 여러분의 문명과 채널링이라는 형태로 소통하고 있습니다. 우리가 물리적으로 모습을 드러내지 않는 이유는, 메신저보다 정보 자체가 더 중요하다는 것을 알아주었으면 하기 때문입니다. 이제 종교에 대해 조금 명확해졌습니까?

Q5　예. 그와 관련해서 한 가지 더 묻고 싶습니다. 지금 저도 채널링하는 존재가 있는데, '절대로 흔들리지 않던 확고한 틀에서 벗어나겠습니다'라는 메시지를 받았습니다.

바샤르　지금 여러분이 살아가고 있는 이 변혁의 시대에 일어나는 일이 바로 그것입니다. 물질과 비물질 세계 사이에 존재하던 벽, 의식과 무의식 사이에 존재하던 벽이 지금 무너지고 있습니다. 여러분은 이제, 이전에 이미 알고 있었던 사실을 기억하려 하고 있습니다. 바로, 여러분이 '위대한 모든 것'의 무한한 측면 중 하나라는 것. 지금까지 여러분이 경험해 온 모든 제한은, 사실 스스로 만들어 낸 것입니다. 따라서 그 제한은 언제든 바꿀 수 있고, 풀 수도 있습니다.

본질의 메시지

여러분 안에는 그리스도의 의식, 부처의 자질이 깃들어 있습니다. 종교는 지구에서만 나타나는 아주 독특한 체계입니다. 억압된 의식이 외부에서 유입되며, 이전에는 없던 '조직'이라는 구조가 만들어졌습니다. 그로 인해 많은 이들이 자신이 창조와 직접 연결되어 있다는 사실을 잊게 되었습니다. 그 연결이 지금, 다시 깨어나고 있습니다.

✦

포지티브, 긍정적인 에너지는 통합의 본질을 가지고 있습니다.
급격히 확장되며 강력하게 연결되는 힘을 지니고 있습니다.
반면, 네거티브, 즉 부정적인 에너지는 사물을 분리시킵니다.
대상을 서로 멀어지게 하고 흩어지게 만듭니다.
이것이 얼마나 강력한지 기억하시기 바랍니다.

두 번째 만남

세상을 치유하다

치유는 파동을 일으키는 것이다

여러분, 안녕하세요. 오늘 이렇게 여러분과 소통할 수 있어 감사합니다. 함께 우주를 확장해 나갈 수 있음에 기쁨을 느낍니다.

오늘의 주제는 '세상을 치유하다'입니다. 물론 세상을 치유하기 전에 먼저 자기 자신을 치유해야 합니다. 여러분 안에 아주 작은 변화가 일어나더라도, 그 변화는 이 행성 전체의 의식에 영향을 미칩니다. 결국 자신을 치유하는 것과 세상을 치유하는 것은 같은 일입니다.

그러니 먼저 각자가 자신을 어떻게 치유할 수 있는지부터 이야기하고, 그다음에 세상을 어떻게 치유할 수 있는지 살펴봅시다.

힐링, 즉 치유란 무엇일까요? 여러분이 '치유'를 말할 때는 보통 고통이나 불편을 느끼고 있기 때문입니다. 병이 생겼다는 것은 내면이 편안한 상태가 아니라는 뜻입니다.[1]

모든 병은 자신의 본질적인 파동을 거스르는 데서 비롯됩니다. 자신을 거스를 때 마찰이 생기고, 그 마찰이 병이 됩니다. 진정한 자신을 살고 있지 않을 때, 파동은 낮아집니다. 반대로 여러분 안에 있는 '이런 사람이 되고 싶다'는 이상적 자아는 지금보다 높은 파동을 지니고 있습니다. 현재의 파동과 그 이상적 이미지의 파동 사이에는 차이가 있으며, 그 차이가 클수록 마찰도 커집니다.

치유란 그 두 파동의 차이를 줄이는 것입니다. 지금의 자아와 진정한 자아 사이의 파동이 하나로 어우러지도록 맞춰 가는 일입니다. 모든 병은 본래의 파동에서 벗어날 때 생깁니다. 따라서 치유란 자신의 진짜 파동을 향해 지금의 주파수를 올려 조율해 가는 것입니다.

---

1 영어의 'disease'라는 단어는 '편안함 ease' 앞에 부정어 'dis'가 붙은 것에서 유래했다.

자신을 치유하는 방법

방법 ① 가슴 설레는 것을 행동으로 옮긴다, 웃는다

여러분도 이미 여러 번 들었듯이, 진정한 자신이란 가장 가슴 설레는 일을 매 순간 행동으로 옮기는 존재입니다. 설렘 속에 사는 삶은 자신을 균형 있게 치유하는 데 큰 도움이 됩니다. 자신이 진심으로 원하는 일을 할 때 자연스럽게 웃음이 나오고, 또 많이 웃고 즐길수록 하고 싶은 일을 더욱 수월하게 해낼 수 있습니다. 그래서 웃음에는 치유의 힘이 있다고 합니다. 웃음은 파동을 높이며, 자신감을 일으키고, 그 자신감은 다시 웃음을 불러옵니다. 이 모든 요소들은 연결되어 있으며, 하나를 허용하면 다른 것들도 따라오게 되어 있습니다.

때로는 "나는 가슴 설레는 일을 할 자신이 없어."라고 말하는 사람도 있습니다. 그렇다면 설렘, 자신감, 웃음, 행동이 모두 연결되어 있다는 사실을 상기해 보세요. 가장 가슴 설레는 일을 행동으로 옮길 자신이 없다면, 그 대신 최대한 많이 웃어 보는 것으로 시작할 수 있습니다. 혹은 자신이 있든 없든, 실제로 움직여 보세요. 행동하는 순간, 긍정적인 현실이 형성되고, 자신감이 자라며, 미래가 새롭게 열립니다.

방법 ② 명상을 한다

자신을 더 높은 파동으로 이끌기 위한 방법은 여러 가지가 있습니다. 그중 명상은 가장 강력하고 균형을 회복시켜 주는 도구입니다. 명상은 자신의 중심을 되찾게 하며, 치유적인 진동을 전체 의식에 일으킵니다.

우주는 긍정과 부정이 정확히 50 대 50으로 나뉘어 있는 것이 아닙니다. 아주 약간, 긍정 쪽으로 기울어져 있습니다. 굳이 수치로 말하자면, 50.1퍼센트가 긍정이고 49.9퍼센트가 부정이라고 할 수 있습니다. 이 아주 작은 차이가 어디에서 비롯되느냐 하면, 긍정과 부정의 정확한 중간지점, 균형점에서 옵니다. 겉보기에 그것은 중립처럼 보이지만, 그 중립의 지점은 선택 가능하다는 점에서 약간 긍정적입니다. 선택할 수 있다는 의식 자체가 바로 긍정의 진동을 품고 있기 때문입니다.

따라서 여러분이 지금 부정적인 쪽에 있다고 느낄 때, 긍정으로 가기 위해 반드시 50퍼센트를 넘겨야 할 필요는 없습니다. 49.9퍼센트까지만 도달해도 충분히 균형을 잡을 수 있습니다. 명상은 그 지점에 도달하도록 도와줍니다. 그리고 거기서부터는 단 한 걸음만 더 내디디면, 자신을 온전히 치유하는 방향으로 나아갈 수 있습니다. 물론 이 49.9퍼센트라는 수치는 단지 비유일 뿐이며, 실제로 계산할 필요는 없습니다.

명상의 효과는 매우 깊고 폭넓습니다. 의도했던 한 가지 주제에 집중해 시작했다가, 전혀 예상하지 못한 다른 부분들까지 함께 치유되는 경우가 많습니다. 예를 들어 '내게는 259개의 부정적인 면이 있으니, 259개의 명상을 따로 해야 한다'고 생각하지 않아도 됩니다. 명상 상태에 들어가면 의식이 조화롭게 정렬되고, 다양한 요소들이 자동적으로 통합됩니다. 의식하지 못한 채 쌓여 있던 것들도 자연스럽게 드러나고, 스스로 감지하지 못하더라도 그 모두를 통합적으로 다룰 수 있게 됩니다.

이것은 매우 중요한 포인트입니다. 왜냐하면 여러분의 현실에 존재하는 부정적인 일은 대부분 무의식 속 관념에 의해 만들어지기 때문입니다. 명상을 하는 것, 몸을 편안히 하고 자신을 바라보는 것, 이것들은 자기 안에 어떤 관념이 있는지를 보는 강력한 방법 중 하나입니다.

본인에게 맞고 최선인 명상 방법은 여러분의 상상력이 가르쳐 줍니다. 명상의 기본적인 방법은 있지만, 실제로 명상을 해 보면 여러분의 상상력이 여러분에게 맞는 방법을 잘 알려줄 것입니다. 그러니 상상력에 맡기세요.

한 사람에게 효과가 있는 명상법이 다른 사람에게도 똑같이 효과를 발휘한다고 볼 수는 없습니다. 어떤 사람은 조용히 앉아서 눈을 감는 것만으로도 마음의 균형이 잡히기 시작합니다. 또 어떤 사람은 무언가를 쓰고, 그림을 그리고, 아름다운 노래를 부르는 것이 자신에게 더 좋은 명상법이라고 말합니다.

바샤르의 키워드

포지티브 positive, 네거티브 negative

포지티브는 긍정적, 네거티브는 부정적이라는 뜻이다. 그래서인지 포지티브는 '좋다', 네거티브는 '나쁘다'는 인상을 갖기 쉽지만, 바샤르는 그렇지 않다고 말한다. "내가 긍정적이나 부정적이라고 말할 때, 그것이 좋고 나쁘다거나, 맞고 틀리다는 뜻이 아니라는 점을 기억하세요." "모든 것은 에너지이며, 좋고 나쁜 것이라기보다 하나의 동적인 힘으로서 쓰입니다."

그렇다면 포지티브와 네거티브는 각각 어떤 에너지를 의미하는가? 포지티브 에너지는 통합하는 본질을 지닌 에너지다. 강력하게 연결되어 창조적인 에너지를 하나로 묶는 조화로운 에너지이며, 기하급수적으로 급격히 증가하고 확대되는 힘을 가진다. 이 에너지는 기쁨을 바탕으로 한다.

반면 네거티브는 분리하는 본질을 지닌 에너지다. 개별적으로 고립시키고 뿔뿔이 흩어지게 하며, 힘을 제거하고, 점점 더 분리시키는 부정적인 에너지를 만들어 낸다. 비조화적이며, 진실한 자아와 연결되어 있지 않은 에너지로, 두려움을 바탕으로 한다.

포지티브는 통합을, 네거티브는 분리를 나타낸다. 힘은 분리되면 약해지고, 통합되면 더욱 강력해지기 때문에, 1,000명의 부정적인 사람들을 상쇄하기 위해서는 단 10명의 긍정적인 사람이 협력하면 충분하다.

이처럼 포지티브 에너지는 계속 증가하여, 2012년에 하나의 경계선을 넘게 되었다. 물론 그렇다고 모든 인류가 긍정적으로 바뀐 것은 아니지만, 포지티브 에너지가 충분히 강력한 수준에 도달하면서, 그 이후로는 긍정적인 일이 점점 더 빠르게 진행되었다고 한다.

이 포지티브 에너지와 네거티브 에너지를 일상생활 속에서 어떻게 체험할 것인가는 전적으로 자신의 선택에 달려 있다. 설령 부정적으로 느껴지더라도, '긍정적인 의미를 부여하면 반드시 긍정적인 결과를 얻는다'는 자세로 선택하면 그와 같은 현실을 체험하게 된다. '주는 것이 받는 것'이기 때문이다. 앞의 전철을 놓친 사례를 보면 이를 잘 알 수 있다.

방법 ③ 요가 호흡을 한다

반면 호흡법을 배우는 것은 많은 사람에게 효과적입니다. 요가 호흡법은 자신을 치유하고 균형을 유지하는 데 매우 강력한 방법입니다.

(바샤르, 소리를 내며 깊은 호흡을 해 보인다.)

이것은 채널인 다릴의 호흡과 매우 유사한데, 이러한 호흡을 하면 몸의 중심선이 열립니다. 그리고 몸에 있는 여러 개의 중심, 차크라[2]가 일렬로 놓입니다.

채널링을 할 때, 채널의 몸 안에서 치유가 일어나곤 하는데, 그 이유는 균형 잡힌 상태에 있기 때문입니다. 자신이 좋아하는 일을 할 때, 그것이 하나의 채널링입니다. 그러므로 그때 자기 안에서

---

[2] 산스크리트어로 '바퀴', '원'을 뜻하며, 인간의 생명이나 육체, 영혼의 작용을 조절하는 인체의 에너지 센터를 말한다. 육체와 영혼을 연결하는 주요 '7대 차크라'는 척추를 따라 세로로 배열되어 있다.

균형을 잡고 자신을 치유합니다. 특히 치유의 근본이 되는 감정적인 부분을 균형 잡을 수 있습니다. 자신에 대한 느낌이 달라지고, 인생의 다양한 부분에서 무엇이 본인에게 최선인지 더 잘 느낄 수 있게 됩니다.

방법 ④ 자연스러운 생체리듬에 따른다

감정의 균형이 잡히면 육체의 의식에 더 쉽게 귀를 기울일 수 있습니다. 그러면 무엇을 언제 먹을지, 무엇을 마실지, 어떻게 숨을 쉴지, 언제 잠을 잘지를 자연스럽게 느낄 수 있게 됩니다. 몸이 여러분에게 말을 걸기 시작합니다.

여러분의 사회에서는 지금까지 오랜 시간에 걸쳐 정상적이고 평범해지기 위해 힘든 훈련을 해 왔습니다. 치유는 평범해지는 게 아닙니다. 치유는 내추럴, 자연스러워지는 방법입니다. 어떤 사람에게 자연스러운 것이 다른 사람에게도 자연스러운 것은 아닙니다. 물론 거기에는 어느 정도 공통된 자연스러움이라는 것도 존재합니다. 하지만 여러분이 사는 사회에서는 그 공통된 내추럴함, 자연스러움을 어느새 공통된 노멀함, 평범함으로 바꾸어 버렸습니다. 치유는 그 평범함을 자연스러움으로 바꿀 때 일어납니다.

예를 들어 보겠습니다. 여러분은 직업이 있죠? 오전 9시나 10시쯤부터 일을 시작해서 오후 5시나 6시 혹은 그 이후까지 일을 합니다. 그리고 적당한 시간에 일어나 다음 날 다시 예정된 일을 시작할 수 있도록 밤에는 몇 시간 동안 잠을 자려고 노력합니다. "9시부터 5시까지 일하고, 밤에 7~8시간 자는 것이 보통의 정상적인 생활이다."라고 여러분은 말합니다. 하지만 그건 자연스러운 일이 아닙니다.

여러분의 자연스러운 생체리듬은 조금 다릅니다. 만약 여러분이 주의를 기울여 보면, 여러분이 창조적인 의식을 가지고 깨어 있는 시간은 사실 대부분의 사람들이 자고 있는 새벽 2시에서 4시 사이라는 점을 알게 될 것입니다. 그리고 자연스러운 리듬이라는 관점에서 여러분의 에너지가 가장 낮은 시간은 오후 2시에서 4시 사이입니다. 대부분의 사람은 이 시간대에 열심히 일합니다.

이 자연적인 생체리듬을 이해하고, 제대로 문화로 도입하고 있는 곳도 있지요. 그런 곳에서는 낮 2시부터 4시경에 시에스타라는 낮잠 시간을 갖습니다. 많은 사람이 밤에 자신의 눈이 열리고 활성화되는 것을 잘 알고 있습니다. 따라서 앞으로 여러분의 사회도 더 자연스러운 생체리듬에 점점 맞추게 될지도 모릅니다.

이것이 왜 놀라운지는 다음과 같은 이유 때문입니다. 많은 사람이 자연스러운 리듬을 따르지 않습니다. "시간 낭비야. 그런 자연스러운 방식으로는 효율이 떨어져. 지금이 훨씬 생산성이 높잖아. 이쪽이 생산성이 높아."라고 말합니다. 하지만 실제 결과는 정반대입니다. 무리하게 일하기보다는 자연스러운 생체리듬을 따라야

쉬는 시간이 덜 필요합니다.

지금 긴 휴식 시간이 필요한 이유는 자신의 자연스러운 리듬에 반해 스스로를 너무 몰아붙이기 때문입니다. 자신의 자연스러운 리듬에 맞추면 2시간에서 4시간 정도의 수면만으로 충분합니다. 사람에 따라서는 10분에서 30분 정도 낮잠을 자야 할지도 모르지만 그 정도면 충분합니다. 이는 한 가지 일에 많은 시간을 할애해야 한다는 것을 의미하지 않습니다. 그런 자연스러운 에너지리듬에 따라 일을 하면 지금보다 훨씬 생산성이 오른다는 의미입니다.

균형을 잡는 것, 가슴 설레는 일을 행동하는 것뿐만 아니라, 이렇게 자신의 자연스러운 생체리듬에 따라 일을 하는 것도 치유입니다. 잠깐 쉬는 사이에 시도해 보세요. 지금까지 이야기한 것처럼 자연스러운 리듬에 따라 일해 보고 자신이 평소보다 에너지가 넘치는지 확인해 보세요.

방법 ⑤ 식사 습관을 약간 바꾼다

이러한 자연스러운 리듬을 따를 때는 식사 습관을 조금 바꾸면 더욱 쉽게 할 수 있을 것입니다. 하루에 두세 번 푸짐하게 먹는 것보다는 다섯 번에서 여섯 번 또는 일곱 번으로 나눠 조금씩 먹어야 훨씬 건강합니다. 많은 양을 집어넣어 소화에 에너지를 쓰는 게 아니라 자기 몸의 엔진에 필요한 연료를 필요할 때마다 필요한 만큼만 넣는 것이 효율적입니다. 3시간마다 조금씩 먹거나 조금씩 마셔야 더 건강하고 내 안에 에너지를 유지할 수 있습니다.

'난 이렇게 못 해'라고 말하는 사람이 있을지도 모릅니다. 그럴 때는 자신의 자연스러운 부분에 맞게 조금만 바꿔 보세요. 그래도 도저히 따라 하기 어렵다고 생각하는 사람은 다음과 같이 생각해 보세요. 지금까지 자연스럽지 않은 방향, 반대 방향으로 버릇이 드는 바람에 관성의 법칙이 작용하여 자연스러운 방향으로 돌아가기 어려워졌을 뿐인지도 모른다고. 지금까지 해 온 습관 때문에, 꼭 틈 같은 게 생겨서 그 방향으로 나아가는 것은 쉽지만, 그와 다른 일을 하기는 좀처럼 어려운 상태라는 것입니다.

식사나 수면의 리듬을 바꿀 때 조금씩 바꾸기보다는 한 번에 완전히 바꿀 수도 있습니다. 그것을 잠시 동안 계속하면 쉽게 할 수 있습니다. 물론 사람에 따라 다르겠지만 가장 쉬운 방법 중 하나입니다. 1일부터 삼 일간 금식합니다. 그동안 액체는 조금 마셔도 됩니다. 그렇게 해서 몸을 깨끗하게 할 수 있습니다. 에너지 넘치는 자신을 느낄 수 있습니다. 그리고 그 시점부터 자신에게 더 자연스러운 리듬을 익힐 수 있습니다.

지금 말한 것은 단지 몇 가지 제안을 하는 데 지나지 않습니다. 꼭 그렇게 해야 하는 것은 아닙니다. 그러면 이제부터 잠시 명상을 해 봅시다. 자기 안의 균형을 잡고 치유하고 싶은 게 있으면 치유할 수 있게 말이지요.

바샤르의 키워드

요가 호흡법 yogic style breathing

바샤르가 이 장에서 소개한 자신을 치유하는 방법 중에서도, 균형을 잡고 자신의 중심으로 돌아가기 위한 매우 강력한 수단으로 추천하는 기법이다.

바샤르는 실제로 깊은 호흡을 시연하며 "다릴의 호흡법과 비슷하다"고 말하지만, 바샤르와 연결되었을 때 다릴 앙카의 호흡은 영화 〈스타워즈〉에 등장하는 다스베이더처럼 큰 소리가 난다. 이 호흡은 바다의 파도 소리와 비슷하며, 단순히 코로 숨을 들이쉬는 것이 아니라 목구멍 뒤를 여는 방식이라고 한다. 바샤르의 압도적인 발성법에 대해 질문이 나오자, 그는 요가 호흡을 할 때 참고가 될 수 있다고 다음과 같이 덧붙였다.

"먼저 몸을 꼿꼿이 세운 상태에서 몸 안의 에너지가 흐르고 있어야 합니다. 척추와 차크라가 조화를 이루어야 더 많은 산소가 들어오고, 몸이 바르게 유지되며, 에너지가 증폭됩니다. 몸이 마치 속이 빈 관처럼 되어 정보와 에너지가 몸 안을 흐르는 것으로, 소리를 내는 것이 아니라 몸을 통과하는 에너지의 파동으로 소리가 발생하는 것입니다. (…) 이 호흡법을 통해 에너지를 증폭시킬 수 있습니다."

과거에는 다음과 같은 조언도 했다. "자신의 몸을 똑바로 펴고 곧장 숨을 들이마시세요. 내 안의 빈 곳을 그에 맞게 공명시켜 주세요. 호흡할 때마다 공명시켜 주세요. 숨을 앞에서 들이마시는 것이 아니라, 숨이 뒤에서 앞으로 가는 것처럼 들이마십니다."

요가 호흡법이라고 하면 단순히 산소를 들이마시는 것이 아니라, 대기 중의 '프라나 Prana'를 받아들이는 것임을 눈치챈 사람도 있을 것이다. 프라나는 '기氣'

이며, 우주의 에너지를 뜻한다. 이는 바샤르가 말한 '창백한 전자기적 에너지'에 해당하는 것으로 보인다.

꽃가루 알레르기에 대한 대처법으로 바샤르는 다음과 같이 제안한다. "요가 호흡법을 연습해 보면 좋을 것입니다. (…) 자신을 중심으로 되돌리는 듯한 호흡을 시작하면, 자신의 주위에 창백한 전자기적인 에너지장을 만들어 그 안에 자신을 넣을 수 있고, 또 자신 안에 그 에너지를 통과시킬 수 있습니다. 그러면 몸이 정화되는 것을 느끼기 시작합니다."

이미지워크
색 에너지로 균형을 잡는다

천천히 눈을 감으세요.
천천히 깊게 숨을 들이마시고……, 내쉽니다.
심호흡을 세 번 하세요.
자신이 어떤 파동을 타고 움직이고 있다는 것을 느껴 보세요.
점점 몸에 힘이 빠지고 긴장이 풀리기 시작합니다.
이제 이미지를 활용하여 다음과 같은 것을 살펴봅시다.

【 빨강 】

깊고 풍부한 파동이 있는 붉은색을 상상합니다.
붉은 에너지, 빛입니다.
그 붉은 에너지가 당신의 몸 전체에 따사롭게 스며듭니다.
발밑에서부터 붉은 에너지가 스며들어 쭉 위로 올라갑니다.
그 에너지가 당신을 따뜻하게 하고 있다는 것을 느끼세요.
당신의 발끝에서 허벅지까지 편안해지는 것을 느낍니다.
그 붉은 파동이 발끝에서 올라와 무릎 부근까지 따뜻하게 해 줍니다.
거기에서 붉은 파동이 더 올라와 허벅지 근육과 뼈를 따뜻하게 데워 주고 편안하게 합니다.
붉은 파동은 더 올라와서 당신의 엉덩이와 배꼽에서 아래의 허리 부근까지를 붉은 빛으로 채웁니다.
그 붉은 빛이 모든 근육, 모든 뼈, 그리고 모든 내장을 이완시키는 것을 느낍니다.
그 편안하고 따뜻한 붉은 빛, 에너지는 더 올라와서 폐, 가슴, 근육과 뼈, 갈비뼈를 이완시킵니다.
이번에는 손끝에서 어깨 언저리까지, 작은 근육에서 큰 뼈까지 이완시키면 붉은 빛이 거기까지 차오릅니다.
이제 무릎 위에 살포시 올려놓은 손을 느껴 보세요.
붉은 온기가 팔뚝에서 팔꿈치, 어깨까지 차오릅니다.

붉은 빛이 가슴으로 올라갑니다.

이어서 어깨로 올라갑니다.

뒤쪽에서도 등을 지나 어깨까지 올라갑니다.

어깨에 힘을 빼세요.

붉은 에너지가 목을 가득 채웁니다.

그 온기, 편안한 느낌이 목의 근육, 그리고 목구멍에 침투합니다.

그것이 점점 머릿속으로, 그리고 얼굴 속으로 퍼져 나갑니다.

턱에도 힘을 뺍니다.

입술에도 힘을 뺍니다.

혀에도 힘을 뺍니다.

눈동자도 힘을 뺍니다.

얼굴 피부, 머리 피부, 귀 피부에도 힘을 뺍니다.

그리고 이제 그 붉은 에너지가 붉은 불꽃처럼 머리 꼭대기에서 빠져나갑니다.

지금 당신의 몸은 따뜻하고 편안한 느낌에 둘러싸여 있습니다.

명상과 휴식의 붉은 불길에 휩싸여 있습니다.

그 빛이 발에서 몸을 통해 그리고 머리에서 빠져나가는 모습을 보고 느끼면서 다음과 같은 변화가 일어나는 것을 지켜보세요.

심호흡을 합니다.

숨을 깊이 들이마셨다가 내쉽니다.

【 초록 】

빛은 다시 아래에서 위로 올라옵니다.
색이 빨강에서 초록으로 변합니다.
그 초록빛 에너지가 몸 안에서 솟아오릅니다.
녹색 에너지는 서늘하고 시원합니다.
여러 가지가 명확해지는 그런 에너지입니다.
여러분의 지성 부분, 생각하는 부분에 긴장이 풀리고 느슨해지는 것을 느껴 보세요.
여러분이 가지고 있는 모든 두려움, 모든 의심, 모든 관념이 편안해집니다.
에너지가 되어 풀어져서 다른 것과 융합합니다.
아주 평화롭고, 평온하고, 편안한 느낌을 느껴 보세요.
한 번 더 심호흡을 합니다.
숨을 들이쉬고……,
그리고 내쉽니다.

【 파랑 】

발밑에서 올라오는 빛이 이번에는 초록색에서 파란색으로 변합니다.
색이 바뀐 에너지가 발밑에서 올라와 몸을 지나 머리 꼭대기에서 나옵니다.

당신의 몸은 매우 편안합니다.

지성 부분도 편안합니다.

그리고 지금은 정신 부분까지 편안함을 느끼고 있습니다.

산속에 있는 시냇가를 걷고 있는 것처럼 아주 선명하고 편안한 느낌, 그 두 가지가 느껴집니다.

【 투명 】

몸속을 타고 올라오는 색이 지금, 마치 순수한 물처럼 투명하게 변합니다.

당신의 몸이 투명해지는 모습을 보세요.

당신은 졸졸 흐르는 시냇물 소리처럼 투명해집니다.

신선하고, 시원하고, 깨끗하고, 그리고 투명합니다.

당신은 표면이 매끄럽고 빛나는 돌 사이를 걷고 있습니다.

비눗방울이 터지는 듯한 느낌 속에서 다양한 소리가 들립니다.

당신은 지금 자연과 하나가 되었습니다.

당신은 자연입니다.

그리고 지금, 자신의 존재 중심에서 그 내추럴함, 자연스러움을 느낍니다.

잠시 그 느낌을 즐겨 보세요.

물 흐르는 소리를 들어 보세요.

당신은 지금 매우 개방적이고 편안한 상태에 있습니다.

균형을 잡으려는 의지, 치유되려는 의지, 그것이 지금 당신 안에 있습니다.

이것이 더 자연스럽고 몸에 긴장이 풀린 편안한 자신입니다.

숨을 깊이 들이마시고……, 내쉽니다.

눈을 뜨고 한 번 더 심호흡을 합니다.

손을 들고 기지개를 켭니다.

힘껏 기지개를 켜고……,

기지개를 켠 채로 잠시 멈춥니다.

자, 이제 몸에 힘을 빼고 편안히 있으세요.

자기 안에 얼마나 사랑이 있는지, 얼마나 즐거움이 있는지 느꼈습니까?

평화로운 기분, 평온함, 조화로움이 얼마나 있는지 느낄 수 있었나요?

웃음과 창의성이 얼마나 있는지 느꼈습니까?

당신은 이 모든 것으로 이루어져 있습니다.

자연스럽고 내추럴한 당신은 균형이 잡힌 당신이자, 건강한 당신이지요.

치유는 허용하는 것이다

스스로 건강하지 않다고 느낄 때, 자기 안에 병에 걸려 아프다는 관념이 자리 잡고 있습니다. 균형 잡힌 몸은 '건강해지자'는 생각조차 하지 않습니다. 그래서 치유받으려고 할 필요가 없습니다. 다른 사람들을 치료할 필요도 없습니다.

가장 먼저 해야 할 일은 자신의 중심으로 돌아가는 것입니다. 그렇다고 해서 '어서 중심으로 돌아가야 해!' 하고 다그칠 필요는 없습니다. 중심은 당신이 실제로 존재하는 곳입니다. 우리에게 필요한 것은 그저 자신이 진정한 자신이라는 것을 허용하는 일뿐입니다.

치유는 허용하는 것입니다. 허용함으로써 일어납니다. 뭔가를 시키고, 무리하게 강요하고, 채근해서 일어나는 것이 아니라, 그저 일어나도록 허용함으로써 일어나는 것입니다. 여러분은 지금까지 열심히 자신의 중심에서 벗어났습니다. 그렇다고 해서 돌아가려고 애쓸 필요는 없습니다. 그저 자신을 허용하기만 하면, 자연스레 돌아갈 수 있으니까요.

품고 있는 기대와 저항심을 거둔 채, 몸에 힘을 빼고 편안히 하세요. 그러면 자동으로 순조롭게 자신의 중심으로 돌아갈 수 있습니다. 그렇게 되도록 허용하세요.

지금 소개한 명상은 여러분이 명상을 하고 싶을 때, 언제 어디서든 따라 할 수 있습니다. 여러분의 빛나는 창조적 상상력이 여러분의 고유함을 반영한 변화를 만들어 냅니다. 여러분의 상상력이 여러분을 데려가는 대로 끌려가세요. 그렇게 된다고 믿으세요. 자연스러운 자신을 거스르지 마세요.

믿으세요. 그게 바로 당신이니까요.

바샤르의 키워드

몸의 정화 purification of your physical body

가공식품이나 약, 화학물질 등을 몸에 받아들일수록 자연적인 영양소를 흡수하기 어려워지고, 그로 인해 몸속에 독소가 쌓이게 된다. 부정적인 생각과 사고방식 역시 독소를 증가시키며, 면역력을 떨어뜨리고 다양한 질병과 증상의 원인이 된다.

몸을 정화하고 독소를 배출하면, 다양한 질병과 증상의 80~90퍼센트가 사라진다고 한다. 따라서 바샤르는 깨끗한 물이나 액체만 섭취하는 단식, 유기농 허브를 사용하는 방법 등으로 간, 신장, 장 등에서 독을 배출하는 것이 중요하다고 말한다. 명상이나 호흡법과 같은 효과적인 방법으로 정기적으로 디톡스를 하면 몸속이 정화되고, 에너지가 넘치며, 몸의 자연적인 치유 능력도 높아진다. 또한 땀을 흘리는 것도 좋은 정화 방법으로 권장된다.

몸을 정화하는 것은 '가장 가슴 설레는 일을 하며 사는 것'에도 큰 도움이 된다. 육체가 정화되고 독소가 배출될수록, 기쁨의 파동이 어떤 것인지를 더 민감하게 알 수 있기 때문이다. 육체가 정화되어 그 파동이 자신 본래의 파동과 조화를 이루게 되면, 진정으로 가슴이 설레는 것인지, 아니면 일시적이고 표면적인 설렘인지 더 명확하게 판별할 수 있다.

깨끗한 공기의 파동, 깨끗한 물의 파동, 정화된 음식의 파동, 스트레스 없는 상태에서 느끼는 창조성의 파동 등은 자신의 열정과 설렘의 파동을 더욱 민감하게 인식하게 해 준다. 그렇게 되면 더 빠르게 행동으로 옮길 수 있게 된다.

"그런 상태에서 열정의 파동 속에 있으면 직감이 솟아나고, 전에는 생각하지 못했던 형태로 열정을 행동으로 표현할 수 있는 힌트를 많이 생각해 낼 수 있을 것입니다."

타인을 치유한다는 것

치유에 관해 다음에 말하는 것을 이해하세요. 많은 사람이 다양한 유형의 치유자이거나 치유자가 되기를 원합니다. 치유자가 된다는 것이 무엇을 의미하는지 이해해야 합니다. 치유자라고 해서 다른 사람을 직접 치유하는 것은 아닙니다. 치유자는 특정한 에너지장을 만듭니다. 스스로 상상하든 하지 않든, 혹은 어떤 방법으로든 그런 에너지장을 만들어 낼 수 있습니다. 다른 사람들을 돕고 싶다는 욕구와 의지에 기초한 자연스러운 에너지장을 말입니다.

따라서 그 에너지장이 균형 잡힌 파동이 될 수 있도록 치유자 스스로 균형이 잡혀 있는 것이 중요합니다. 치유자인 당신에게 도움을 요청하는 사람이 있다면, 당신이 특정한 파동을 보내고 있는 것입니다. 즉, 그 에너지장의 파동은 상대에게 보내는 초대장 같은 것입니다. 그 사람은 자신의 에너지를 당신의 파동에 맞출 수 있습니다. 사람마다 페이스나 타이밍은 다르지만, 언젠가 그 사람이 당신의 파동에 맞추었을 때, 그 사람은 자신이 만들어 낸 파동에 의해 자신을 치유하게 됩니다.

모든 치유의 구조가 이러합니다. 순간적으로 효과가 있는 치유도, 천천히 시간을 들이는 치유도, 어떤 형태의 치유든 마찬가지입니다. 그리고 그 사람이 자신 안에 있는 관념의 파동을 바꾸어 스스로 치유하는 걸 돕습니다. 그러한 사람을 치유자라고 합니다.

치유자가 되고 싶은 사람, 사람에게 서비스하고 봉사하고 싶은 사람, 다른 사람과 많은 것을 나누고 싶은 사람이라면 가장 중요한 것은 상대가 고른 파동이 균형 잡힌 당신의 파동이라는 점입니다. 만약 당신이 치유자가 되는 것에 가슴이 설렌다면, 당신에게 오는 모든 사람을 도울 수 있다는 점도 알아야 합니다. 왜냐하면 그 사람들은 당신의 파동에 이끌려 왔기 때문입니다.

그렇다고 해서 당신이 머릿속에 그린 대로 상대가 바뀌는 것은 아닙니다. 하지만 그들이 당신에게 끌린 데는 이유가 있습니다. 그러니 거기서 뭔가 반드시 얻을 게 있다는 것입니다.

하지만 당신이 치유하는 것에 설렘을 느낀다 하더라도, 다른 사람을 돕는 자신의 능력에 대해 의심을 품고 있다면, 당신의 에너지장에 부정적인 파동이 생깁니다. 그러면 당연히 그들을 도울 수 없습니다. 그 결과, 다른 사람을 도울 수 없을지도 모른다는 자신의 '예언'을 스스로 실현하게 되는 것입니다.[3]

당신이 치유자가 되는 것에 정말로 가슴이 설렌다면, 몸과 마음을 편안히 하고 어떤 식으로든 당신의 파동이 그들에게 치유를 가져다줄 것이라고 믿으세요. 그 전에 자신부터 균형을 잡아야 합니다. 그러면 사람들을 도울 수 있습니다. 그것이 세상을 치유하는 첫걸음입니다. 우선 자신이 균형을 잡고 치유된 건강한 존재가 되는 것입니다. 그래야 주변 사람들도 여러분을 모범으로 삼고 "나도 저렇게 될 수 있구나" 하고 스스로 치유할 수 있습니다.

의지가 있다면 먼저 시작한다

동전에는 뒷면이 있습니다. 당신이 치유자가 되는 것에 가슴이 설

---

[3] 자신의 현실은 자신의 관념, 신념, 사고가 만들어 내는 것이다. 따라서 '내가 타인을 치유한다는 게 가당키나 한 일인가'라고 생각한다면 그 사고의 파동이 나오고 그 파동에 의해 그와 같은 현실이 만들어진다. 그 결과, '예언'은 실현된다.

렌다고 해서, 치유자가 되기 전에 자신의 모든 문제가 해결되고 완전히 치유된 존재가 되어야 하는가 하면 물론 그렇지 않습니다. 치유는 적어도 자신의 사랑, 설레는 마음, 봉사로 이루어져야 합니다. 하지만 자신 안에 있는 모든 문제를 해결하고 치유된 후에 시작하려고 하면 분명 시작할 수 없을 것입니다.

자신의 파동 속에 '상대방을 돕고 싶다'는 긍정적인 의지가 있다면, 시작해도 좋습니다. 자신에게 이끌려 온 사람들과 교류하면 그사이 자신도 치유됩니다. 시작할 자신이 없더라도 자기 안에 의지가 있다면 그 의지와 설레는 마음을 행동으로 옮기세요. 그러면 그 교류의 체험 자체가 당신 안에 남아 있는 문제를 변화시키고, 당신에게 자신감과 능력을 줄 것입니다.

그러므로 남과 나누는 것에 가슴 설레는 사람, 타인을 치유하는 것에 가슴이 설레는 사람은 망설이지 말고 먼저 시작하세요. 여러 가지 방법이 있습니다. 전문 치유자, 즉 의사나 물리치료사가 되는 것입니다. 혹은 무엇을 가르치든 선생님이 되는 것입니다. 또는 지금 우리가 하는 것처럼 정보를 공유함으로써 그 사람이 스스로 정보를 활용할 수 있는 형태로 제공하는 것, 자신이 가진 정보나 지식을 그것을 필요로 하는 사람과 나누는 것도 치유의 방법입니다.

다시 한번 치유의 정의를 떠올려 보겠습니다. 치유란 본래의 자신으로 돌아가기 위해 파동을 일으키는 것을 허용하는 행위입니다. 어떤 식으로든 그 일을 해내는 사람이 치유자입니다. 산속 시냇가에 그냥 서 있는 것만으로도 치유가 될 수 있습니다. 아이들과 함께 웃는 것도 치유가 됩니다. 상상력을 발휘하세요.

세상을 치유하는 방법

이러한 치유 방법을 세계적인 규모로 확장해 볼 수 있습니다. 여러분의 행성에는 이미 많은 방식이 존재하며, 그중 일부는 우리가 지금까지 이야기한 치유의 원리와 깊이 연결되어 있습니다. 치유에 대해 세계 규모로 생각해 볼 때, 결국 평화와 조화라는 파동을 지구 전체에 어떻게 퍼뜨릴 것인가의 문제와 맞닿아 있습니다.

예를 들어, 평화의 메시지를 다양한 언어로 적어 작은 종이, 나무판, 조형물 등으로 만들어 사람들의 눈에 띄는 곳에 놓아 두는 것만으로도 그 파동은 퍼져 나갈 수 있습니다. 그 문구를 보는 사람들에게 잠재되어 있던 평화의 파동이 일깨워지고, 의식 안에 작은 변화가 생깁니다. 단순한 문장이나 상징이더라도 미세한 수준에서 작용하는 치유의 장치가 될 수 있습니다.

예술도 다양한 방법으로 비슷한 일을 할 수 있습니다. 세상을 치유하는 방법으로 평화나 조화, 건강 등을 나타내는 징표를 만들어 온 세상에 자유롭게 퍼뜨릴 수 있습니다. 치유와 평화의 기념물,

기념비 같은 것들이 전 세계에 넘쳐 나면, 더 이상 전쟁할 시간이 없어질지도 모릅니다.

또한 치유와 균형의 에너지를 기반으로 건물이나 공간을 설계하고 지었을 때, 그곳에 사는 사람, 그곳에서 일하는 사람에게 자연스럽게 그 파동이 전해집니다. 여러분의 행성에서는 지금까지 많은 예술가와 건축가가 이 원리를 이해해 왔고, 지금도 황금비의 비율을 활용해 균형의 파동을 구현하고 있습니다.

황금비는 자연스럽게 균형을 잡는 파동을 가진 비율입니다. 이러한 비율을 삶의 여러 형태에 조화롭게 적용하면, 그것이 곧 치유와 연결되는 파동을 만들어 냅니다. 여러분의 행성은 진정한 예술 안에서 살아가는 공간이 될 수 있습니다. 그러한 생각이 이미 여러분 안에 존재하기 때문입니다. 그 생각을 밖으로 내보냄으로써, 여러분은 이 세계를 치유하기 시작하는 것입니다.

커뮤니케이션도 치유다

주변 사람들과 이런 생각을 공유하세요. 확신을 가지고 대담하게 모두에게 알려 주세요. 커뮤니케이션도 치유입니다. 마음을 열고 하는 정직하고 직접적인, 진심에서 우러나오는 커뮤니케이션. 어떤 인간관계에서도 '이렇게 되어야 한다'며 틀에 얽매인 사람이 되지 말고 진정한 당신을 보여 주세요. 그러면 싸움이 아니라 치유의 관계, 균형 잡힌 인간관계가 됩니다.

정치, 경제, 사회 안에 있는 다양한 계층의 사람들과 커뮤니케이션을 해 보세요. 여러분은 정부와 분리된 존재가 아닙니다. 여러분은 정부 그 자체입니다. 여러분은 경제기구에서 분리된 존재가 아닙니다. 여러분은 경제기구 그 자체입니다. 그러므로 더 많은 치유의 에너지가 만들어질 수 있게 그들을 변화시키세요. 사회에 도움이 되는 형태로 바꿔 주세요. 사회에 봉사하도록 강요하는 것이 아니라, 사랑과 설레는 기분, 그리고 기쁨으로 봉사하게 만들어 주세요.

그렇게 의도하면 세세한 부분까지 자연스럽게 따라 나옵니다. 그리고 거기에서 만들어진 것은 견고하고 보편적인 것이 될 것입니다. 균형 잡힌 치유 상태에서 만들어진 것도 그 상태 안에 존재하며, 영원한 '지금'을 삽니다. 그런 식으로 만들어진 것은 앞으로 몇 세기에 걸쳐 남아 있을 것입니다. 건강하고 평화로운 수천 년이 찾아올 것입니다.

다만 여러분은 적극적으로 다음 할 일을 해야 합니다. 그리고 건강하기 위해서는 여러분이 주도적으로 살아야 합니다. 움츠린 채로 인생에서 숨어 살 수는 없습니다. 자신의 상상 속에서만 인생을 살 수는 없습니다. 실제 삶을 살아 주세요.

사회에 대한 봉사, 자기 자신에 대한 봉사

치유는 자신이 만들어 낸 다양한 측면을 하나로 만드는 것입니다. 모든 측면을 기꺼이 활용하세요. 하지만 행동을 취할 때는 자신이 하나의 완전한 존재라는 생각으로 행동해 주세요.

이렇게 많은 사람이 존재하는 이유는 여러분이 서로 돕고, 지원하고, 서로의 이정표가 되어 살아가게 하기 위함입니다. 사회 전체에 봉사하는 것과 그 사회 안에 있는 자신에게 봉사하는 것, 이 두 가지의 균형을 잡아 주세요.

자신을 희생해 사회에 봉사하려고 한다면, 그것은 사회에 대한 진정한 봉사라고 할 수 없습니다. 사회를 희생해서 자신이 하고 싶은 일을 할 때도, 진정으로 자신에게 봉사할 수 없습니다. 사회와 같이 넓은 데서 이루어지는 지원을, 자신과 분리해서 생각하기 때문입니다.

치유는 우리가 인생에서 경험하는 모든 것에서 균형을 유지하는 것입니다. 여러분은 개인인 동시에 이 사회 전체입니다. 한 사람 한 사람이 그러합니다.

먼저 자신을 치유하세요. 사랑과 창의력을 발휘하세요. 마음속에서 느낀 것을 통일성 있게 행동함으로써 말이지요. 그리고 그렇게 해서 얻은 것을 자기 안에 담아 두지 말고 주변 사람과 나누세요.

기념비나 예술 작품, 무엇이든 눈에 띄게 전 세계에 퍼뜨려 주세요. 그렇게 하면 그 파동이 점점 더 퍼져 나갈 것입니다.

파동의 근원지를 활용하는 방법

실제 그런 에너지가 있는 것을 만드는 좋은 방법으로 다음과 같은 행동이 있습니다. 지구에는 파동의 근원지가 몇 군데 있습니다. 그 땅에는 매우 강한 전자기 에너지가 있습니다. 그런 장소에 가면 자신 안에서 그 파동을 느낄 수 있습니다. 그리고 자신의 파동을 그 땅의 파동에 맞추면, 에너지와 하나가 될 수 있습니다.

에너지를 충분히 느끼고 나면, 이번에는 지구 어디에 가도 그 파동과 맞아서 자신이 파동의 근원지가 될 수 있습니다. 그리고 주변 사람들은 당신에게서 그 에너지, 즉 근원지에서 일어나는 파동을 느낄 수 있습니다.

방법은 매우 간단합니다. 이매지네이션, 상상력을 발휘하면 됩니다. 파동의 근원지에 있었을 때를 떠올리고, 그때 느꼈던 것을 느낍니다. 그러면 파동이 그 파동에 맞춰집니다.

이 방법은 누군가를 치유하기 직전에도 활용할 수 있습니다. 예술 활동을 하기 전에도 이와 비슷한 일을 할 수 있습니다. 그 파동을 재생하고, 그 에너지 안에서 창작 활동을 합니다. 그러면 창작 활동이 끝났을 때, 예를 들어 그림을 다 그렸을 때, 그림 속에 그 에너지가 확실히 새겨집니다.

의식의 물리학, 공명으로 치유하다

자연은 항상 균형 잡힌 치유의 에너지로 작용합니다. 그 파동을 이용해 보세요. 아름다운 나무나 꽃을 보았을 때, 그걸 보기만 해도 자신의 중심을 되찾거나 균형이 잡힌다는 것을 여러분은 알고 있습니다.

그러한 파동 속에서 무언가를 만들 때, 그 만든 것 속에도 그 파동이 실제로 들어갑니다. 이것은 앞에서 말한 '세계는 비유이며 상징으로 이루어져 있다'라는 말과도 연결됩니다. 모든 물체, 물질에는 각각 파동이 있습니다. 그렇기 때문에 반대로 치유의 파동을 가진 물체를 만들 수도 있습니다.

실제가 아니더라도 그 자체를 상징하는 모형에도 비슷한 파동이 있을 수 있습니다. 어느 쪽이든 물리적 현실을 만드는 주체는 여러분입니다. 물질은 여러분의 의식에 있는 파동을 보여 주고 투영하는 상징, 심벌이고요.

이렇게도 말할 수 있겠죠. 실제 나무의 파동과 그 나무를 그린 그림의 파동은 거의 다르지 않다고. 그래서 실물이 가까이 있지 않아도 상징이나 모형을 만들어서 그 파동을 느낄 수 있습니다.

과거에는 이를 '공명의 마법'이라고 불렀습니다. 비슷한 것을 만들면, 진짜 옆에 가지 않고도 같은 파동을 받아 같은 효과를 얻을 수 있기 때문입니다. 여기서 말하는 공명이란, 의식적으로 자신의 관념을 바꾸고 자신의 주위 현실을 바꾸는 능력을 의미합니다.

그 변화의 파동을 다른 사람에게 보내면, 파동을 받은 다른 사람도 똑같이 바뀔 수 있습니다. 이것이 공명입니다. 그렇게 신비로운 일이 아닙니다. 오히려 '의식의 물리학'이라고 불러도 좋을 만큼 과학적인 것입니다.

모든 것이 당신의 파동에 달려 있다는 점을 기억하세요. 100퍼센트 진정한 자신이 되면, 스스로를 치유하고 주변을 치유할 수 있습니다. 당신이 균형을 잡으면, 주변 사람도 당신과 파동이 공명되어 균형을 잡을 수 있습니다.

그러면 질문을 통해 여러분과 우리 사이에 그 공명을 일으켜 봅시다. 질문이 있으면 해 보세요.

바샤르의 키워드

황금비 golden ratio

가장 아름답다고 여겨지는 비율로, 근사치는 1:1.618이다. 오각형의 별 모양을 비롯해 황금비로 이루어진 다면체나 나선형 구조는 기하학에서 오랫동안 논의되어 왔다. 수학적인 정합성뿐 아니라 미의 기준 중 하나로서, 오늘날까지도 예술 작품에 광범위하게 응용되고 있다. 파르테논 신전과 같은 고대 건축물에서부터 현대 건축에 이르기까지, 또 수많은 조각과 회화 속에서도 이 황금비를 찾아볼 수 있다.

원래 자연계에 눈을 돌려 보면, 태양광을 효율적으로 받을 수 있도록 배열된 식물의 가지와 잎, 고둥의 나선형 껍질처럼 기능적으로 조화롭고 아름다운 황금비가 수없이 존재한다. 바샤르는 황금비를 '자연스럽게 균형을 이루는 파동을 가진 비율'이라고 말하며, 그 강력한 활용법 중 하나로 고차원의 에너지를 모으는 공명장치 '웨이브 가이드'를 언급하고 있다.

황금비의 지름과 길이로 공명장치(관이나 방, 혹은 빈 공간)를 만들고 약간의 전기적 에너지를 가하면, 특정 주파수로 진동하기 시작한다. 그러면 더 높은 진동수의 문이 열리고, 음차처럼 조화로운 공명이 발생한다. 이후 더 높은 진동수가 공명하면서 에너지가 증폭되고, 그 에너지가 관 안으로 흘러들어오게 된다.

또 다른 예로, 공간에서 에너지를 끌어들이기 위한 공명실도 적절한 소재와 함께 이 황금비로 만들어져야 한다고 바샤르는 설명한다. "공명을 위한 작은 방도 일종의 프랙탈 안테나로, 1:1.618의 황금 비율이 되어야 합니다."

BASHAR

바샤르와의 대담

Q1 목에 골절상을 입었습니다. 어떻게 하면 좋을까요?

Q1(여자) 저는 춤을 통해 이 세상 사람들과 깊이 교류해 왔습니다. 그런데 앞으로 다양한 활동을 펼쳐야겠다고 결심했을 때, 목에 골절상을 입는 바람에 춤에 큰 지장을 받게 되었습니다. 처음 통증이 생겨 목을 전혀 움직일 수 없었던 게 작년 4월이었고, 1년도 지나지 않은 올해 2월 말, 또다시 목을 움직일 수 없게 되었습니다.

바샤르 그렇게 된 데에 명확한 원인이 있나요?

Q1 지금까지 제 몸을 그리 소중히 여기지 않았던 것 같습니다.

바샤르   지금은 어떤가요?

Q1   평생 춤을 추고 싶다는 마음이 확고해서, 지금은 물론 앞으로도 제 몸을 소중히 여기고 잘 돌보려 합니다.

바샤르   진흙으로 목욕해 본 적이 있나요?

Q1   아직 한 번도 없습니다.

바샤르   지금의 당신에게 조금 도움이 될 것 같네요. 너무 뜨겁지 않게, 따뜻하거나 약간 뜨거운 진흙탕에 들어가 보세요. 진흙은 미네랄, 특히 구리가 풍부한 게 좋습니다. 진흙 목욕에는 두 가지 효과가 있어요. 하나는, 실제 몸에 많은 것을 준다는 점입니다. 몸 안의 고질적인 병을 치유해 줍니다. 또 하나는, 진흙 속에 몸을 담그는 행위가 일종의 명상 상태로 이끈다는 겁니다. 그 안에서 지금껏 보이지 않았던 문제들이 떠오르고, 그것을 해결하고 통합하는 데 도움이 됩니다.

이제 질문을 하나 하겠습니다. 당신은 왜 춤을 추나요?

Q1   제 몸을 움직임으로써, 이 세상 모든 사람이 댄서이며 누구나 자기 몸을 자유롭게 표현할 수 있다는 걸 전하고 싶습니다.

바샤르   그렇군요. 목에 이상이 생긴 건 춤을 출 때였나요?

Q1   예.

바샤르   필요 이상으로 몸을 뻗었기 때문일까요?

Q1   목뿐 아니라 등에도 오래전부터 묵직한 통증이 있었지만, 그걸 무시한 채 무리해서 계속 춤을 췄습니다.

바샤르　　그 메시지를 전하는 게 그렇게 급한 일인가요? 그렇게 서둘러야 할 이유가 있을까요?

Q1　　그렇지 않습니다.

바샤르　　그러면 왜 무리한 건가요?

Q1　　아마도 제 안에서 자꾸 기한을 정해 놓고, '이날까지 이걸 해내야 한다'는 식으로 조바심을 냈던 것 같아요.

바샤르　　데드라인을 정했군요. 말 그대로 '죽음의 선$^{line\ of\ death}$' 말이죠. 이 직접적인 비유, 감각을 이해하시겠습니까?

Q1　　네. 바샤르의 책에도 "왜 그렇게 급한 겁니까? 무엇을 그렇게 서두르고 있습니까?"라는 말이 있어서, 좀 괴로웠어요.

바샤르　　여러 의미에서 지금 당신에게 꼭 맞는 말입니다. 메시지를 전하기 위해 반드시 이런 식으로 해야 한다고 단단한 틀을 만들어 버리면, 그 틀은 쉽게 깨지게 됩니다. 댄서인 당신은 남들보다 더 흐름을 부드럽게 이해할 수 있어야 합니다. 유연함을 새로운 흐름으로 삼으세요. 서두를 필요 없습니다. 이번 생에서 전하고 싶은 말을 전할 시간은 충분히 있습니다.

급하게 말하려는 것, 서두르는 태도야말로 하고 싶은 말을 가로막는 유일한 장애물입니다. 그렇다고 시곗바늘을 멈출 필요는 없어요. 흐름을 따르고, 흐름과 함께 가세요. 당신이 전하고 싶은 말을 일생 동안 충분히 전할 수 있을 것이라 약속합니다. 그렇게 말하니, 좀 마음이 놓이나요?

Q1 예. 그렇습니다.

바샤르 그럼 자신을 기분 좋게 해 주세요. 스스로를 소중히 다뤄 주세요.

Q1 네. 정말 감사합니다. 언젠가 바샤르와 함께 춤추고 싶습니다.

바샤르 방금, 우리 둘이 함께 춤을 추지 않았나요?

(청중, 웃는다.)

Q1 네, 그렇네요. 춤을 췄습니다.

바샤르 그렇다면 진흙 목욕을 즐겨 주시기 바랍니다.

본질의 메시지

진흙 속에 몸을 담가 보세요. 유연함을 당신의 새로운 파동으로 삼으세요. 서두를 필요는 없습니다. 서두름은 당신이 하고 싶은 말을 방해하는 유일한 장애물입니다.

바샤르의 키워드
허용한다 allow

바샤르의 설명 중에서도 많은 사람이 이해하기 어렵게 느끼는 개념 중 하나가 '허용'이다. 이 책에도 '그런 일이 일어나도록 자신이 허용하면 그렇게 된다', '인생이라는 건 잘되게 하려고 애쓸 필요가 없다. 그저 잘되도록 허용해 주기만 하면 된다'라는 표현이 등장한다.

여기서 말하는 '허용'은, 억지로 잘되게 하려고 애쓰며 컨트롤하는 것이 아니라, 그것이 자연스럽게 일어나도록 내버려두는 것을 의미한다. 즉, 긍정적인 방향으로 100퍼센트 신뢰를 보내고, 싱크로니시티 synchronicity 에 맡기는 것을 말한다. 이에 대해서는 책 뒤에서 다시 한번 설명한다.

또한 신뢰하고 내버려두는 태도이므로, 자신의 머리로 예상한 결과에만 집착하지 않는 자세, 기대하지 않는 마음가짐도 포함된다. 예를 들어, 설렘과 풍요의 에너지를 느끼며 복권을 샀다면, 그다음 순간에는 복권을 산 사실조차 잊고, 당첨 여부에 집착하지 않아야 한다는 것이다.

물론 '허용한다'는 말의 본래 의미를 생각해 보면, 자신이 그 일에 대해 'OK' 사인을 보내는 것이 전제 조건이다. 예를 들어, 부자가 되고 싶어서 '그런 일이 일어날 때까지 내버려두자'고 결심하고 매 순간 가슴 설레는 일을 추구한다고 해도, 정작 자신을 조건 없이 사랑하지 않거나 자신의 존재 가치를 인정하지 않는다면, 그것은 허용한 것이 아니다. 또는 '부자가 되면 나쁜 사람이 된다', '나만 좋자고 생각하는 건 아닐까?' 등의 관념이 있다면, 그것이 자신의 바람을 막는 요인이 될 수 있다. 이럴 경우에는 내면을 살펴보고, 그러한 관념을 자신이 선호하는 관념으로 바꾸는 것도 필요하다.

바샤르는 사랑의 반대말은 증오가 아니라 무가치함과 죄책감이라고 거듭 말한다. 그런 의미에서 '나는 부자가 될 가치가 있다', '부자가 되어도 좋다'는 에너지를 갖는 것이 중요하다. 자신을 무조건으로 사랑하고, 완전히 수용하고, 나머지는 신뢰하며 그 일이 일어나도록 내버려두는 것. 이것이 바로 바샤르가 말하는 '허용한다'는 것이다.

"진동수가 낮은 사람들은 무언가를 일으키기 위해서는 무언가를 통제해야 한다고 믿습니다. 반면에 진동수가 높은 사람은 자신이 해야 할 일은 그 일이 일어나도록 그냥 놔두는 것, 그 일이 일어나도록 내버려두는 것임을 알고 있습니다."

Q2 육아는 창조적인 일이라 생각합니다. 다만 아이와 자꾸 부딪힙니다.

Q2(여자) 저는 육아가 매우 창조적인 일이라고 생각해 왔습니다. 그런데 실제 육아는 그렇게 되지 않습니다. 아이의 파동은 정말 멋지다고 느끼지만, 제 파동과 잘 맞지 않아 자주 부딪히게 됩니다. 잘되길 바라는 마음으로 대화하지만 어느 순간 목소리가 높아지거나 손이 먼저 나가기도 합니다.

바샤르 당신 안에서 아직 조화를 이루지 못한 부분, 마음이 불편한 곳은 어디일까요? 그 상황에서 무엇이 당신을 건드렸나요?

당신 안의 분노는 어디서 온 걸까요? 혹시 어릴 때 배운 어떤 관념에 단지 반응하고 있는 건 아닌가요? 그리고 그 관념을 아이에게 다시 되돌려주려는 건 아닌지요. 아이를 보고 있으면 떠올리고 싶지 않은 일이 생각나서 화가 나는 건 아닐까요?

오늘은 질문이 좀 많아질 거예요. 어떤 것이라도 괜찮으니, 대답할 수 있나요?

Q2   저는 제 나름의 원칙이 있고, 그것을 오늘 안에 하지 않으면 잠자리에 들기 힘든 경향이 있는데요…….

바샤르   그건 왜 그런가요?

Q2   다음 날 일이 있을 때, 세탁물 같은 집안일이 쌓여 있으면 곤란해요. 아이에게만 집중할 여유가 없습니다.

바샤르   그렇다면 조금 전 이야기와 연결해 보면, 당신 안의 분노는 자신이 원하는 흐름이 아니라, '이건 반드시 해야 한다'는 일정에 스스로를 맞추려 해서 생기는 거네요. 이해되시죠?

Q2   네, 그렇습니다.

바샤르   한 가지 더 물어볼게요. 지금 가장 설레는 일을 하고 있나요? 아니면 생계를 위해 어쩔 수 없이 일하고 있나요? 정말 설레는 일을 할 때는, 당신에게 중요한 모든 일이 완벽한 타이밍에 자연스럽게 일어나게 됩니다.

아이와 함께 있으면서도 당신이 원하는 방식으로 할 수 있는 설레는 일이 있을 수도 있고, 아니면 그 설레는 일정을 실행하기 위해 아이를 돌봐 줄 수 있는 사람을 인생에 들일 수도 있겠죠. 당신이 정말 좋아하는 일을 할 때는, 일정의 모든 요소가 자연스럽게 맞물립니다. 반면, 설레지 않는 일을 하려 하면 일정이 버겁게만 느껴질 거예요.

지금 일정이 잘 풀리지 않는다면, 그건 아마도 당신의 진짜 일정이 아닐 수도 있어요. 잠재의식 어딘가에서, 다른 누군가의 일정을 대신 살아가고 있는 건지도 모르죠. 부모에게서 물려받았거나, 사회가 심어 준 일정일 수 있어요. 어쨌든 그게 잘 작동하지 않는다면, 당신의 것이 아닌 거예요.

반대로, 그 일정이 정말 당신의 것이라면, 시간이 부족하다고 느낄 일이 없을 겁니다. 모든 게 완벽한 타이밍에 일어나니까요. 이제 좀 더 분명해졌을까요?

Q2 네, 반성할 부분이 많아서 마음이 편치 않았던 것 같습니다. 어른인 제 입장에서는 아이의 파동이 너무 높게 느껴져서, 제가 거기에 맞추기 어렵다고 느꼈습니다. 혹시 파동을 맞추는 데 도움이 될 만한 방법이 있을까요?

바샤르 당신은 중요한 걸 잊고 있습니다. 당신의 아이는 당신에게서 태어나기로 스스로 선택한 존재예요. 그래서 본래의 당신이라면, 아이의 진짜 파동과 당신의 진짜 파동은 자연스럽게 일치하게 되어 있어요. 이해되나요? 도움이 되었습니까? 당신에게 너무 아프게 말한 건 아닌가 모르겠군요.

> **본질의 메시지**
>
> 당신의 아이는 당신에게서 태어나기로 선택한 존재입니다. 본래의 당신이라면, 아이의 진짜 파동과 당신의 진짜 파동은 자연스럽게 일치하게 됩니다.

Q3 결혼할 상대를 만나지 못했습니다.

Q3(여자) 저를 포함해 지금 결혼 적령기인 남성과 여성은 자신에게 딱 맞는 사람을 만나지 못해 결혼을 못 하거나, 아예 결혼하지 않는 것 같습니다. 요즘 그런 생각에 빠져 있습니다.

바샤르 구체적으로 어떤 생각인가요?

Q3 예를 들면, 어렵게 결혼했는데도 금방 이혼하는 사례가 많다 보니, 결혼하면 실패하지 않을까 하는 두려움이 생깁니다.

바샤르 그렇다면 결혼에 대해 뭔가 다른 정의를 내려 보는 것도 좋겠네요. 여러분들은 서로에게 끌려 관계를 맺게 되는데, 그 과정에는 의식이 필요하다고 생각해요. 반면 우리 사회에서는 모든 존재가 서로와 결혼합니다. 누구를 어디서 만나든, 전체적인 시점에서 보면 결혼과 다르지 않죠. 한 생에서 계속 같은 존재와 관계를 맺는 경우도 있고, 여러 존재와 관계를 맺는 경우도 있어요. 그건 옳고 그름의 문제가 아닙니다.

물론, 우리 사회의 방식을 여러분 사회에 그대로 적용하라는 뜻은 아닙니다. 하지만 여러분의 사회도 점점 그런 방향으로 흘러가고 있는 것처럼 보입니다. 인간관계가 무엇을 위한 것인지 다시 돌아보게 된 결과겠죠.

지금 당신과 내가 이렇게 대화를 나누고 있는 이 순간에도, 우리 둘은 일종의 '결혼' 상태에 있는 거예요. 인간관계의 명칭이 어떻게 달라지든, 당신과 나, 그리고 여러분과 우리는 결혼했다고 말할 수 있습니다.

그 관계의 형태가 변하는 것이 자연스러운 일이라면, 그 변화는 사랑과 함께 일어나야 합니다. 우리 사회에서는 인간관계에 대해 어떤 형태나 상황도 고정적으로 기대하지 않아요. 모든 관계는 감사와 기쁨, 그리고 조건 없는 사랑 속에서 맺어지니까요.

아이러니하게도, 아무 기대 없이 조건 없는 사랑으로 관계를 시작했을 때 그 관계는 오히려 오래 지속됩니다. 반대로 연애를 시작하기도 전에 이별부터 걱정하게 되면, 관계는 좀처럼 깊어지지 않아요. 그렇게 되면 마음속에서는 이미 이혼한 셈이에요. 이혼을 걱정하고 있으니까요.

그러니 당신은 어떻게 보면 결혼도 하기 전에 이혼을 먼저 해 버린 거예요. 물론 연속성이라는 개념을 조금 느슨하게 보면, 꼭 결혼이 이혼보다 먼저 와야 하는 건 아니지만요.

인간관계는 서로가 100퍼센트 본연의 자신이 되도록 돕기 위해 존재합니다. 그런 도움이 조건 없는 사랑을 바탕으로 이루어진다면, 어떤 변화가 오더라도 그 변화는 사랑 안에서 수용될 수 있고, 여러분의 삶에 부정적인 영향을 주지 않아요. 그 원리를 아시겠습니까?

Q3   네. 알겠습니다.

바샤르   그러면 "아이 두$^{\text{I do}}$"라고 말해 주세요.

(바샤르, 결혼식을 올릴 때 말하는 'I do'와, 이 경우의 '알겠습니다'라고 하는 'I do'를 연결시킨다.)

Q3   예스, 아이 두(Yes, I do.)

바샤르   지금 이 자리에서, 당신이 자신과 결혼했음을 선언합니다.

(청중, 박수를 친다.)

바샤르   어떤 경우든 자신과 먼저 결혼하지 않으면, 다른 사람과 진정한 관계를 맺을 수 없습니다. 자신을 조건 없이 사랑하고, 자신이 이룬 것들을 믿어 보세요. 그래야 자신과 대등한 사람을 진심으로 사로잡을 수 있습니다.

그리고 동시에, 지금 이 순간 당신이 여러분 모두와도 결혼했다는 것을 선언합니다. 당신이 한 사람과 결혼하든, 여러 번 결혼을 하든, 그 이전에 이 사회 전체와 먼저 결혼한 겁니다.

그러니 자연스러운 자신과 먼저 결혼하세요. 사회가 정한 틀에 맞춘 의식적인 결혼이 아니라, 내면에서 자연스럽게 일어나는 결합 말이에요. 당신은 평범한 결혼 생활을 원하는 것이 아니잖아요? 그렇다면 자연스럽고 진실된 결혼이 더 어울릴 겁니다. 무슨 말인지 이해했습니까?

Q3　　예. 알겠습니다. 그런데 모두와 결혼할 수 있어서 정말 행복하지만, 제가 사로잡고 싶은 존재는 지구인 한 사람이에요. (청중, 웃는다.)

바샤르　만약 당신이 원한다면, 이미 말했듯이 그렇게 할 수 있어요. 하지만 우선은, 있는 그대로의 자신을 무조건적으로 사랑해야 합니다.

본질의 메시지

자신을 무조건 사랑하고, 자신이 인생에서 사로잡은 것을 신뢰하세요. 그렇게 하면 자신과 대등한 관계에 있는 사람을 사로잡을 수 있습니다. 우선은, 있는 그대로의 자신을 무조건적으로 사랑하는 것이 먼저입니다.

바샤르의 키워드

무조건적인 사랑 unconditional love

최상의 사랑, 무상의 사랑으로 번역되기도 한다.

바샤르는 세션 말미에 반드시 "무조건적인 사랑을 보냅니다."라고 인사하며 끝맺는다. 이 짧은 말 속에도 바샤르가 우리와 항상 '무조건적인 사랑'의 파동으로 교류하고 있음을 느낄 수 있다. 바샤르의 존재 자체가 '무조건적인 사랑'이며, 그 외의 파동을 가지고 있지 않기 때문일 것이다.

'무조건적인 사랑'이란 '위대한 모든 것 All that is'이 가지는 평화와 기쁨, 균형감, 화합, 그리고 정열, 설렘의 파동이며, 우주의 기본적인 조화의 파동이다.

이러한 '무조건적인 사랑'으로 교류할 때, 자신의 파동은 상대의 파동과 공명하기 시작하고, 그 결과 동시에 같은 생각을 하거나 유사한 감각을 느끼는 사람이 많아진다. 바샤르 일행은 언제나 '무조건적인 사랑'의 상태에 있으므로, 모든 존재와 연결되어 있다.

또한 바샤르는 우리가 '무조건적으로 사랑하는' 상태에 있지 않거나, 우리 자신 혹은 '창조'와 조화를 이루지 못한다면, 어떤 도구나 기술도 의미가 없다고 말한다. 그렇기에 우리는 먼저 자신을 사랑하고, '창조'로부터 사랑을 받아들여야 한다고 강조한다. 이 장에서 결혼 상대를 만나 사로잡고 싶다는 질문에 대한 바샤르의 답변도 이와 같다. 모든 것은 자신을 무조건적으로 사랑하는 데서 시작된다.

"'창조'와 그 안에서 일어나는 모든 변화의 근원이 되는 것이 '무조건적인 사랑'입니다. 이것은 단순한 철학이 아니며 비유도 아닙니다." 이 말은 결코 추상적인 표현이 아니라, 바샤르가 체험하고 전하는 실질적인 메시지다.

바샤르는 설렘을 느낄 때 행동으로 옮기는 것도 자신에 대한 무조건적인 사랑의 실천이며, 그 설렘을 행동으로 표현함으로써 '무조건적인 사랑'을 직접 경험하고, 주변에 퍼뜨릴 수 있다고 말한다.

다만, '창조'의 '무조건적인 사랑'은 말 그대로 철저히 조건이 없고 제한도 없다. 그렇기 때문에 '나는 무조건적인 사랑을 경험할 수 없다'는 관념을 갖고 있다면, 그대로 '무조건적인 사랑을 경험하지 못하는' 현실을 겪게 된다. 즉, 자신이 지닌 관념대로 '사랑받지 못한다'는 경험을 하게 될 만큼, 우리는 무조건적으로 사랑받고 있다는 것이다.

Q4 남성스러움과 여성스러움의 균형에 대해 알려 주세요

Q4(남자) 오늘은 치유에 관한 이야기를 나누었으니, 이와 관련해 여쭙고 싶습니다. 균형이라는 관점에서 보았을 때, 자기 안의 남성적인 부분과 여성적인 부분의 균형을 잡는 것이 매우 중요하다고 생각합니다.

바샤르 아주 중요하죠.

Q4 작년에 어떤 여성과 깊이 교류하게 되었고, 서로 공명을 느껴 가까워졌습니다. 그런데 일 때문에 세 차례 정도 미국에 다녀온 뒤부터 완전히 어긋나기 시작했습니다.

바샤르 그렇군요. 완전히 다른 사람이 된 것처럼 느껴졌나요?

Q4   네, 맞습니다. 그래서 왜 달라졌는지 이해하지 못해 당황했고, 결국 싸우게 되었습니다.

바샤르   다른 사람이 되었다고 싸울 필요는 없습니다. 그렇다면, 세상 사람 누구를 데려와도 다르다는 이유로 싸워야 되겠죠.

Q4   그렇군요. 결국 지금은 거의 연락이 끊긴 상태입니다. 그런데 그 관계를 겪으면서 한 가지 떠오른 생각이 있습니다. 어느 시점부터 제가 여성 쪽 역할이 되고, 그녀가 남성 쪽 역할이 되었다는 느낌이었습니다. 그녀에게서 강인함 같은 것이 느껴졌거든요. 그래서 헤어진 뒤에는, 그녀가 제게 무엇을 가르쳐 주었는지 긍정적으로 생각해 보게 되었습니다. 오히려 그녀가 제 안의 좋은 면, 강인한 본질을 끌어낸 느낌이 들었습니다.

바샤르   그 역시 하나의 관점입니다. 동시에, 당신이 잘 받아 주는 사람이라는 점도 드러난 겁니다. 그녀가 힘을 표현하는 동안, 그 힘이 긍정적인 의도였는지 아니면 부정적인 것이었는지를 느껴 볼 수 있는 기회도 되었죠. 굳세고 강인하다는 건 분명 긍정적인 면입니다. 반면에, 상대를 통제하거나 지배하려는 성향은 부정적인 면이 될 수 있습니다.

Q4   네, 이해합니다. 저에게도 그런 통제하려는 면이 있었다고 생각합니다. 그리고 바샤르가 말씀하신 '잘 받아 주는 사람'이라는 말이 어떤 의미인지도 알겠습니다. 반대로, 저는 때로 감정에 휘둘리기도 합니다.

바샤르　조금 전엔 남성적인 면에 대한 얘기였고, 지금은 여성적인 면에 대한 이야기군요. 잘 받아 주는 능력은 긍정적인 특성이에요. 하지만 감정에 휘둘린다는 것은, 제어할 수 없다는 점에서 부정적인 면이라고 할 수 있죠.

방금 당신은 네 가지 측면을 모두 언급했어요. 여성적인 면에서는 '잘 받아 준다'와 '휘둘린다'. 남성적인 면에서는 '강인하다'와 '지배하고 통제한다'. 당신은 이 네 가지가 어떻게 균형을 이루는지를 경험을 통해 배웠어요. 그리고 그 관계가 자신에게 적합한지, 아니면 다른 유형의 관계를 끌어들이고 싶은지를 선택할 수 있는 기회이기도 했습니다.

본질의 메시지

여성적인 면에는 '잘 받아 준다'와 '휘둘린다'는 측면이 있고, 남성적인 면에는 '강인하다'와 '지배하고 통제한다'는 측면이 있다. 오늘 당신은 이 두 영역에서 균형을 잡는 법을 배웠다.[4]

---

[4] 누구나 자기 안에 남성적인 에너지와 여성적인 에너지가 있다. 그 둘의 균형이 잡히고 통합되었을 때, 본래의 자기 자신의 에너지가 된다.

Q5 돌아가신 아버지께서 어떤 식으로든 메시지를 줄까요?

Q5(여자)   예전에 바샤르께서 사람이 죽으면 어떻게 되는지, 그리고 돌아가신 후 3개월 정도 지나면 "건강하게 지내고 있으니까 괜찮아."라는 메시지를 준다고 말씀하신 걸 들었습니다.

바샤르   3개월이 지나면 반드시 오는 게 아니라, 그쯤에 메시지가 올 수도 있다고 말했습니다.

Q5   네, 그래서 여쭤 보고 싶었습니다. 제 아버지가 올해 2월 19일에 돌아가셨는데, 지금 무엇을 하고 계신지, 또 메시지를 주신다면 어떤 방식으로 전해질지 알고 싶습니다.

바샤르   이미 꿈속에서 대화를 나누지 않았습니까?

Q5   아버지가 꿈에 나온 적은 없었습니다.

바샤르   잠깐만요. 아버님의 생일은 언제입니까?

Q5   8월 10일입니다.

바샤르   그날이 접점이 될 수 있겠네요. 꿈속에서든, 혹은 일상 속에서 나타나는 싱크로니시티를 통해 메시지를 알게 될 수 있어요. 8월 전체가 아버님과의 소통으로 가득 찬 시기가 될 가능성이 큽니다.

Q5   정말 감사합니다.

바샤르   저도 감사합니다. 그리고 아버님께 꼭 "고마워요."라고 말해 주세요.

Q5 할 수 있으면 하겠습니다.

바샤르 왜 '할 수 있으면'인가요? 그냥 "아버지, 고마워요."라고 말하면 됩니다.

Q5 그렇군요.

바샤르 아버님은 들을 수 있습니다. 아버님이 들으려고 하면 들을 수 있어요.

잠깐만요.

(잠시 정적)

이미 한 번 접점이 있었던 것 같은데, 이번 달 중에 다시 올 겁니다. 다만 아버님의 차원과 당신의 차원이 조금 달라요. 그래서 아버님의 메시지가 닿기 위해서는 당신의 초점이 더 분명히 아버님을 향해야 해요. 아버지가 탄생한 달인 8월은 그런 의미에서 선택된 시기죠.

하지만 지금 당신과 이렇게 대화를 나누고 있으니, 더 빠른 시기에 메시지가 올 수도 있어요. 8월 10일은 특히 여러분이 마음을 열고, 메시지가 왔다는 걸 확신할 수 있도록 선택된 날입니다. 지금 몸이나 머리에서 뭔가 온도 변화를 느끼고 있지 않나요?

Q5 네. 지금 뜨거워요.

바샤르 어디가 뜨거운가요?

Q5 가슴에서 위쪽이요.

바샤르 그게 아버님의 에너지입니다. 무슨 말인지 아시겠어요?

(질문자, 조금 울먹이다.)

Q5   네, 정말 감사합니다.

바샤르   두 분의 마음은 하나이고, 이미 메시지는 전달됐습니다. 또 올 거예요. 마음을 열어 주어 감사합니다. 잠시 아버님은 자신의 일로 바쁘실 테니, 심호흡을 하고 지금은 조금 놓아 드려요. 다시 오실 겁니다. 알겠죠?

본질의 메시지

죽음은 하나의 변화입니다. 같은 집의 한 방에서 다른 방으로 옮긴 정도의 변화입니다. 영적 이해가 깊어지면 죽음은 끝이 아니라 단지 변화라는 것을 이해할 수 있습니다. 아주 가까운 사람이 돌아가셨다면, 꿈속에서, 혹은 일상 속 싱크로니시티를 통해 메시지가 전해질 수 있습니다.

✦
BASHAR

✦

자신이 피해자가 되는 법을 배운 사람은 결국 가해자를 만나게 됩니다.

하지만 그렇다고 해서 가해자의 행동이 정당화될 수는 없습니다.

가해자는 자신이 매우 무력한 존재라고 믿습니다.

그래서 타인을 지배함으로써 자신의 힘을 느끼고자 합니다.

그러나 인간은 이러한 한계를 충분히 극복할 수 있습니다.

세 번째 만남

세계를 건설한다

한 사람 한 사람의 파동으로 전체가 바뀐다

여러분, 안녕하세요. 이번 교류는 시리즈로 진행되었습니다. 오늘은 그 마지막입니다. 이번에 이런 시리즈를 통해 여러분의 문명과 교류할 수 있게 된 것에 감사합니다.

이 교류를 통해 여러분의 문명은 더 빠른 속도로 변했습니다. 여러분 행성에서는 더 빠르게 큰 변화가 일어나고 있습니다. 그리고 그 변화는 앞으로도 계속될 것입니다.

지난번에 많은 이야기를 했습니다. 먼저 가장 설레는 일을 하자고 했지요. 여러분의 세계, 이 물리적 현실은 여러분의 의식의 비유이자 상징, 심벌이라는 이야기도 했습니다. 지구상에 평화와 조화를 이루려면 어떻게 해야 하는지에 대해서도 언급했죠. 여러분 자신과 여러분의 세계에 힐링의 파동, 치유의 파동을 만들기 위해 해야 하는 일에 대해서도 나눴습니다.

그리고 오늘은 새로운 세계를 건설하는 이야기를 하려고 합니다. 오늘 이 순간부터는 무엇을 하면 좋을지에 관한 이야기입니다.

우리는 여러분 각자가 자신의 삶에서 많은 변화를 몰고 왔다는 사실을 알고 있습니다. 그리고 우리는 여러분 한 사람 한 사람이 만들어 내는 그 변화가 이 지구 전체에 영향을 미치고 있음을 정말 잘 알고 있습니다.

여러분이 만들어 내는 변화를 보고 주변 사람들도 '아, 나도 설레는 일을 해도 되는구나, 좋아하는 일을 시작해도 되는구나'라고 깨닫고 그 일을 선택할 수 있습니다.

여러분 모두는 지구상의 유일한 의식입니다. 그리고 개인적인 차원에서는 매 순간 여러분은 연결되어 있습니다. 그러므로 한 사람 한 사람이 확신을 가지고 가슴 설레며 사는 인생을 선택할 때, 그 파동은 사회 전체에 점점 강해집니다.

때때로 여러분은 이 큰 지구 안에 있는 작은 나라의 작은 도시 안에 살면서, 여러분이 하는 일이나 여러분이 만든 변화가 지구 전체에 영향을 미치지 않는다고 느낄 수도 있습니다. 그러나 이 사회 전체가 변하는 그러한 파동을 만들어 내는 근원은 개개인의 파동입니다.

여러분 각자는 '세계적인 영혼'의 한 측면을 나타냅니다. 그리고 '세계적인 영혼' 전체와 연결되어 있죠. 방금 '세계적인 영혼'이라고 했는데, 부처, 그리스도, 뭐라고 불러도 상관없습니다.

'어떤 개념이든 그중 한 부분을 조금만 바꿔도 그 개념 전체가 완전히 달라진다'는 사실을 기억하세요. 전체적으로 보면 전혀 다른 것이 됩니다. 그러므로 바로 지금 이 순간 여러분이 품고 있는 다양한 생각이 이 세상 전체를 노력 없이 바꿀 수 있습니다.

이 점을 꼭 기억하세요. 얼마나 의식적으로 변화를 일으키려고 하는가? 그것이 이 세계에 얼마만큼의 변화를 일으키는지, 그리고 눈에 보이는 변화를 이뤄 내는지를 결정합니다.

다만 새로운 세계를 구축하는 경우라 해도, 그 방법을 딱히 배울 필요는 없습니다. 왜냐하면 여러분은 매 순간 새로운 세계를 만들고 있기 때문입니다.

또 하나의 지구로

어떤 문명이든 새로운 세계를 구축하는 단계에 이르면 같은 질문이 떠오릅니다. 만약 새로운 세계를 만들면 기존의 세계는 어떻게 해야 할까. 어디에 두면 좋을까? 벽장 안이 좋을까? 아니면 쓰레기와 함께 버려야 할까? 불태우는 게 좋을까? 물속에 넣어 두면 바로 녹지 않을까?

물론 제가 지금 농담 삼아 이런 말을 한다는 건 여러분도 아시겠지만, 이 질문은 결국 의식에 있는 에너지로 오래된 세계를 새로운 형태로 바꾸는 것에 대한 이야기입니다.

여러분이 변할 때도 마찬가지입니다. 기존의 자신이 새로운 자신이 될 때, 그건 단지 기존의 자신에서 사물을 보는 관점이 달라진 새로운 자신이 될 뿐입니다.

여러분, 다음과 같이 이해해 보세요. 지구는 어떤 의미에서 무한하게 존재합니다. 가능한 모든 지구가 지금 이 순간에도 존재하고 있습니다.

그래서 한 세계에서 다른 세계로 변화할 때, 새로운 세계를 구축할 때, 다음과 같은 일이 일어납니다. 하나의 지구에서, 이미 존재하고 있는 또 하나의 평행지구 parallel earth, 아주 조금 파동이 다른 또 하나의 지구로 이동하게 됩니다.

이 이론과 원리에 대해 기본부터 조금 더 자세히 이야기해 보려합니다. 약간 과학 이론처럼 들릴 수도 있는데, 최대한 단순하게 설명해 보겠습니다.

단순하게 설명하는 이유는 여러분이 평범하게 말하면 이해하지 못할 거라고 생각해서가 아닙니다. 이 이론을 머리로만 이해하지 말고, 여러분의 마음으로, 감각으로 이해했으면 하기 때문입니다. 한 가지 예를 들어 간단하게 설명해 보겠습니다.

바샤르의 키워드

평행지구 parallel earth

동시에 평행하게 존재하는 지구를 의미한다. '패러렐 월드parallel world', '패러렐 리얼리티parallel reality'라고도 하며, 평행세계, 평행현실 등으로 번역된다. 우리가 살고 있는 세계와 매우 비슷한 다른 현실들이 무수히 병존하고 있다는 이 개념은 공상과학 소설이나 영화에서 자주 변형되어 등장하며, 수학, 물리학, 천문학 분야에서도 이론적인 가능성을 두고 활발한 논의가 이어지고 있다.

바샤르는 "어떤 인생이든 자신이 상상할 수 있는 것은 모두 '당신의 인생'으로 병행하여 존재한다"고 설명한다. 과거의 삶과 미래의 삶도 "현재의 삶과 동시에 진행되며 동시에 존재한다"고 말하며, 우리는 오직 자신의 의식이 초점을 맞춘 현실만을 체험할 수 있다고 한다. "여러분이 변화를 결정할 때마다 여러분의 주파수는 다른 파동으로 바뀝니다. 그렇게 자신의 주파수를 바꾸고 파동을 바꿀 때, 여러분은 이전에 있던 하나의 세계에서 평행한 현실, 평행세계로 이행하는 것입니다."

예를 들어, '14만 4,000명의 각성한 사람들이 살지 않는 지구' A와 '14만 4,000명의 각성한 사람들이 사는 지구' B는 이미 둘 다 존재한다. 이때 바샤르는 "그러면 당신은 어느 쪽에 갈 겁니까?"라는 질문을 던진다. 여기서 중요한 점은, A의 지구가 B의 지구로 변화하는 것이 아니라, 이 두 세계가 각각 별

개의 평행지구로서 이미 존재하고 있다는 것이다. 따라서 B의 지구를 체험하기 위해 다른 사람들을 바꿀 필요는 없다. 그저 자신의 의식 초점을 'A의 지구에 있는 나'에서 'B의 지구에 있는 나'로 옮기기만 하면 되는 것이다.

바샤르는 지금이 평행세계로의 이행에 있어 매우 중요한 시기라고 말한다. 지금은 아직 자신과 주파수가 다른 세계도 어느 정도는 체험할 수 있는 시기이지만, 주파수의 분화는 더욱 가속화되어, 결국에는 각자의 파동이 선택한 단 하나의 평행세계만을 체험하게 된다고 한다. 그렇기 때문에 가능한 한 빠르게 포지티브한 방향을 선택할 필요가 있다. 그 방법은 간단하다. '자신이 생각하기에 가장 가슴 설레는 일을 한다', '인생의 다양한 사건이나 상황을 긍정적으로 바라본다'는 것이다.

의식이 관점을 바꾼 모습, 그것이 움직임

움직임과 연속성은 환상입니다. 누군가가 방 한쪽 구석에서 반대쪽으로 움직일 때, 실제로는 전혀 움직이지 않습니다. 의식이 하나의 시각에서 다른 시각으로 바뀌고, 나중에 보면 왠지 모르게 움직인 것처럼 보이도록 만들어 낼 뿐입니다. 더 정확하게 말하자면, 의식이 시각을 바꾼 것이 이 물리적 현실에 나타난 것, 그것이 물리적 움직임이 되는 것입니다.

의식인 당신은 결코 어디에서도 움직이지 않습니다. 당신은 항상 지금까지 있었던 곳에 있습니다. '지금, 여기'에 있는 것입니다. 여러분이 물리적인 현실 속에서 움직이고 있다기보다는, 물리적인 현실이 여러분 주위에서 움직이고 있다고 할 수 있겠지요.

이는 영화의 필름에 비유하여 설명할 수 있습니다. 영화 필름은 정지화면이 한 컷 한 컷 시간에 따라 다음 컷으로 죽 연결된 한 장의 가늘고 긴 필름으로 되어 있죠. 그리고 움직임의 일루전^{illusion}, 환영이 만들어질 때는 필름이 영사기를 통과하는 속도, 혹은 의식이 그 안의 필름을 인식하는 속도에 영향을 받습니다.

한 컷 한 컷은 따로따로 나뉘어 있지만, 각각이 나뉜 '지금'을 나타냅니다. 다음 컷은 실제로는 그 전의 컷과 떨어져 있어, 보는 관점에 따라 어디든지 다른 컷으로 교체할 수 있습니다. 하지만 여러분의 세계에서는 이 컷을 순서대로 보자고 동의하고 있습니다. 여러분의 의식이 한 컷 한 컷을 순서대로 따라갈 때, 여러분은 단지 관점을 변화시키는 것뿐입니다.

영화의 한 장면에서 사람은 움직이지 않습니다. 여러분은 '이 컷을 순서대로 보면 영화 속에서 모두가 움직이는 것처럼 볼 수 있다, 그런 환상을 만들자'고 동의하고 있는 것입니다.

여러분의 물리적 현실은 실은 방금 말한 필름과 같은 구조로 되어 있습니다. 그 점을 이해해 주세요. 방 한구석에서 다른 곳으로 움직일 때, 실제로는 움직이는 것이 아닙니다. 순간순간마다 자신의 의식을 바라보는 시각을 바꾸고, 그 시시각각 바꾼 의식을 죽 늘어놓음으로써 마치 누군가가 움직이고 있는 것처럼 환상을 만들어 내는 것뿐입니다.

매 순간 새로운 우주를 창조하고 있다

무수한 패러렐 어스, 평행지구라는 개념으로 돌아가 봅시다. 무수히 많은 각각의 지구는 영화의 한 컷 한 컷과 같습니다. 여러분의 의식이 조금씩 바뀔 때마다, 여러분은 지금까지의 지구와는 문자 그대로 전혀 다른 지구에 있게 됩니다. 한 컷 전의 지구와 어딘가 조금 달라진 다음 컷의 지구는 문자 그대로 전혀 다른 지구입니다. 이 개념이 무엇을 의미하는지, 어떤 일이 실제로 일어나고 있는지를 자신의 몸속 세포에 스며들게 하세요. 우리가 이런 이야기를 하는 이유는 세상을 바꾸는 것이 이처럼 간단하다는 점과, 여러분이 항상 세상을 바꾸고 있다는 점을 알리기 위해서입니다.

존재하는 모든 것은 무한한 창조주의 한 측면입니다. 여러분 한 사람 한 사람은 매우 강력합니다. 여러분은 그 힘을 사용해 매 순간 완전히 새로운 지구, 완전히 새로운 우주를 만들고 있죠. 하지만 여러분은 그 점을 전혀 이해하지 못하고 있습니다.

'나는 힘을 사용하여 매 순간 완전히 새로운 우주를 만들고 있다'는 사실을 잠시나마 자신에게 스며들게 하세요. 이 생각을 듣는 동안 머리가 조금 멍해진다면, 잠시 그렇게 가만히 있으세요. 혼란스러운 감각은 진정한 자신의 의식으로 향하는 첫걸음이라고 할 수 있습니다.

그리고 다음과 같이 자신에게 이해시키세요. 무의식적으로 만들던 현실을 의식적으로 만드는 과정은 마치 돌고 있는 영화 필름을 멈추는 방법을 배우는 것과 같습니다. 이제 현실은 더 이상 자동으로 움직이지 않습니다. 마치 시간이 멈춘 것처럼, 주변에서 일어나는 일을 찬찬히 살펴보는 시간을 가질 수 있습니다.

여러분은 이 현실 세계를 매 순간 아주 빠른 속도로 만들고 있습니다. 여러분이 여러분의 주파수를 이 물리적 현실을 만들어 내는 속도에 맞췄을 때, 여러분이 만들어 내는 현실은 멈춘 것처럼 보입니다. 어두운 방에서 물을 폭포처럼 떨어뜨리면서 섬광등으로 조명을 비추면, 마치 그 물보라가 공간에 멈춘 것처럼 보이는 장면을 TV나 영화 등에서 본 적이 있을 것입니다.

깨어 있는 상태에서 자신의 현실을 볼 때, 여러분의 의식은 바로 이 섬광등을 비추고 보는 것과 같습니다. 그렇다고 해서 실제로 주위의 현실이 문자 그대로 얼음처럼 얼어붙어 멈춘 것처럼 보일 필요는 없습니다. 그런 식으로 보이는 사람도 있겠지만, 대부분은 다르게 보일 것입니다.

여러분의 의식이 자신이 만들어 내는 현실에 초점을 맞추고, 그 현실을 섬광등처럼 비출 수 있게 됐을 때, 다양한 사물의 연결이 보일 것입니다. 그리고 자신이 경험하는 현실은 자신의 관념, 믿고 있는 것, 사고로 만들어지고 있다는 것을 진정으로 이해하기 시작할 것입니다.

여러분의 의식을 변화시키기 위해서는 지금 여러분의 의식 속에 있는 관념이 어떤 것인지 확실히 알고 있는 것이 중요합니다.

모든 것은 당신으로 이루어져 있다

여러분이 섬광등처럼 의식에 초점을 맞출 수 있게 되면, 매우 중요한 것을 느끼기 시작합니다. 여러분은 오랫동안 자신들이 이 물리적 현실 안에 존재한다고 믿어 왔습니다. 자신을 의식이고 영혼이라고 생각할 때조차도, 그것을 이 물리적 현실 속에서 구현된 것이라고 생각합니다.

그러나 여러분의 의식이 넓어지고 더 의식적이 되면, 좀 더 다른 관점에서 보게 됩니다. 잘 들으세요. 다음과 같은 설명을 들어도 미세한 차이밖에 없다고 느낄지도 모릅니다. 하지만 거기에는 아주 크고 깊은 차이가 있습니다.

낡은 사고방식, 낡은 관념에 사로잡힌 상태에서는 여러분이 '내 의식은 이 물리적인 현실 속에 존재한다'고 믿습니다. 그러나 여러분의 의식은 이 물리적인 현실 속에 존재하는 것이 아닙니다. 여러분의 의식이 자신을 물리적인 현실로 표현하는 것입니다. 의식이 자신을 물리적으로 표현한 것, 그것이 이 물리적 현실입니다. 그 점을 기억해 두세요. 이 두 가지 견해에는 큰 차이가 있습니다.

'내 의식이 이 물리적 현실 속에 들어왔다'고 볼 때, '물리적 현실이 내 의식이나 다른 부분과 분리되어 있다'는 견해를 갖게 됩니다. 그러나 물리적 현실은 그것만 존재하는 것이 아닙니다. 여러분의 의식은 다양한 방법으로 표현되고, 그중 하나가 여러분이 지금 체험하고 있는 물리적 현실이라는 형태입니다.

즉, 이는 다음과 같은 것을 의미합니다. 지금 채널인 다릴이 여러분 바로 앞 무대 위 의자에 앉아 있는데, 그 무대도 방도 의자도 모두 말 그대로 여러분의 의식에 의해 만들어졌습니다. 의식의 산물이죠. 그 점을 알아야 합니다. 여러분의 의식이 무대로서, 방으로서, 의자로서, 그리고 주위에 있는 모든 사람으로서 의식 자신을 표현하고 있는 것입니다. 주변에 보이는 것, 주변에 있다고 생각하는 모든 것이 진실의 당신에게서 만들어집니다. 당신의 의식이 만들어 내는 것입니다.

그러므로 새로운 세상을 건설하고 세상을 바꿀 때, 여러분이 해야 할 유일한 일은 자기 자신의 의식을 바꾸는 것입니다. 그러면 세상이 바뀝니다.

우리는 여러분이 아주 오랫동안 '이 물리적 현실은 다른 것과 분리되어 있다'는 견해를 갖고 있다는 것을 알고 있습니다. 그래서 우리는 분리되어 보는 관점을 바꾸어 '자기 자신이 물리적 현실 그 자체'라고 이해할 수 있게 설명하는 것입니다.

여러분은 물리적 현실 속에 존재하지 않습니다. 여러분 자신이 물리적 현실이기 때문입니다. 의식체인 여러분이 표현하는 방법 중 하나가 이 물리적 현실입니다.

그럼, 조금만 실습을 해 봅시다. 이미지워크를 통해 여러분이 탄탄하게 만들어 낸 물리적 현실을 조금 무너뜨려서, 기분 좋은 혼란을 불러들입시다.

바샤르의 키워드

상위자아 higher-self

우주의 예지와 연결된 자기 안의 높은 의식을 말한다. 지혜와 마음의 깊은 부분에 해당하며, '하이어 마인드 higher mind', '고차원의 의식', '고차원의 자기' 등으로도 불린다. 이에 대응되는 개념으로는 '피지컬 마인드 physical mind', 즉 물질 차원의 의식이 있다. 피지컬 마인드는 현재의식, 사고, 논리, 성격의 일부로서 이 물리적인 현실을 살아가기 위해 구성된 구조다.

일상의 물리적 현실만을 직시하고 있을 때 사람은 상위자아의 존재를 잊기 쉽다. 그래서 바샤르는 "인생이라는 여행은 자신에게 하이어 마인드가 있다는 사실을 기억해 내고, 하이어 마인드와 다시 연결되기 위한 여정이기도 하다"고 말한다.

그렇다고 해서 우리가 일상에서 하이어 마인드를 전혀 사용하지 않는 것은 아니다. 예를 들어, 미래에 어떤 일을 하고 싶다는 생각이 들 때, 우리는 이미 하이어 마인드와 접속하고 있는 것이다. 반면 피지컬 마인드는 사물이 과거에 어떻게 일어났는지를 이해하기 위해 만들어졌다. 이 때문에 피지컬 마인드로 미래를 예측하려 하면 과거 사례나 다른 사람들의 경험만을 바탕으로 판단하게 되며, 이는 대부분 믿음이나 관념에 불과한 경우가 많다. 설레는 일을 떠올렸을 때 '못 해'라고 스스로 제한을 두는 것도 이 때문일 수 있다. 물론 무가치함이나 죄책감, 그리고 그것을 만들어 내는 관념들도 영향을 미친다.

우선 자신 안에 하이어 마인드가 존재한다는 사실, 즉 상위자아의 측면이 있다는 것을 떠올려야 한다. 그리고 그 고차원의 의식(하이어 마인드)과 현재의식(피지컬 마인드)을 균형 있게 조화시키는 것이 중요하다. 그러기 위해서는 몸을 편안히 하고, 상상력과 영감이라는 상위자아의 언어에 귀를 기울여야 한다. 또 물리적인 현실을 거울로 삼아 낡은 관념이나 두려움을 떨쳐 버리고, 자신에게 가장 설레는 일을 실제 행동으로 옮기는 것이 필요하다. 그래야 파동이 상승하고, 상위자아의 메시지를 더 예리하게 포착할 수 있기 때문이다.

"물질 차원의 의식이 조금이라도 빨리 두려움이나 낡은 관념을 버리고 고차원의 의식과 연결되면, 여러분은 긍정적인 형태로 앞으로의 변화를 원활하게 체험할 수 있습니다."

이미지워크

창조의 불. 모든 것을 채우는 자신을 체험한다

몸에 긴장을 풀고 편안히 하세요.

눈을 감고……. 세 번 심호흡을 합니다.

자, 그러면 다음과 같은 장면을 떠올려 보세요.

하얀 방이 있습니다.

당신은 구석에 놓인 의자에 앉아 있습니다.

거기에서 방 전체를 볼 수 있습니다.

방 한가운데에 한 사람이 서 있습니다.

그 사람이 누구든 상관없습니다.

사람이 아니고 물체라도 상관없습니다.

어떤 물체가 방 한가운데에 있으면 됩니다.

굳이 사람이라 한 이유는, 나중에 그 물체가 돌아다니게 할 건데, 그러면 사람이 더 자연스럽기 때문입니다.

당신은 방 모서리에 서서 방 한가운데 있는 사람을 보고 있습니다.

그러자 그 사람이 방 안을 마음대로 돌아다니기 시작합니다.

벽을 타고 가거나 벽에서 다시 돌아와 다른 방향으로 가기도 합니다.

당신은 그 모습을 그저 지켜보고 있습니다.

그 사람이 뭘 하든 그 모습을 그냥 바라보세요.

바닥에서 물건을 줍거나, 어딘가로 손을 뻗어 보거나, 뭔가를 만져 보거나, 앉거나, 서거나.

당신은 그저 지켜볼 뿐입니다.

그 사람은 다시 방 한가운데로 돌아와 원래 자리에 서 있습니다.

그리고 조금씩 투명해집니다.

여러분이 흔히 유령이라고 하는, 그런 느낌으로 보세요.

투명하지만 여전히 거기에 있다는 것을 알 수 있습니다.

이제 그 사람을 다시 돌아다니게 합니다. 다만 그전에 다음과 같은 일을 해 보세요.

그 사람이 움직일 때, 그 사람이 움직이기 바로 직전의 몸이 거기에 남아 있는 것을 상상합니다.

영화 필름처럼, 움직이기 바로 직전의 그 사람이 남아 있고, 그 연속된 움직임이 당신의 눈에 보입니다.

한순간에 얼어붙은 듯한 모습 몇 개가 쭉 연결되며 움직이는 모습이 보이는 것입니다.

1초에 딱 한 컷, 그 사람의 몸 하나만 그곳에 남아 있으면 됩니다.

그러면 움직이기 시작합니다.

멈춘 부분을 뒤에 남기면서 방 안을 돌아다닙니다.

매 순간 1초에 한 컷씩 얼어붙은 사람의 잔상이 남습니다.

그 사람에게 방 한가운데로 돌아가라고 말하세요.

그 사람 뒤에 남겨 둔 얼어붙은 모습은 아직 방 안에 잔뜩 남아 있습니다.

그 얼어붙은 이미지 하나하나는 다양한 모습을 하고 있습니다.

그 하나하나의 주파수가 조금씩 다르다는 것을 기억하세요.

이어서 다양한 모습을 하고 있는 이미지에 번호를 매깁니다.

라디오나 텔레비전 주파수에 채널을 할당하듯이, 당신은 1번, 당신은 2번, 당신은 3번……, 이렇게 정해도 상관없습니다.

모든 것에 번호를 붙이면 전체를 처음부터 끝까지 추적해서 보게 됩니다.

그러면 그 얼어붙은 이미지가 흐르듯이 움직이는 것을 알 수 있습니다.

하지만 순서를 임의로 정해서 어느 하나만 보면 거기에는 얼어붙은 이미지만 있을 뿐입니다.

이제 그 방에서 빛을 제거하세요.

방은 칠흑같이 어두워지지만,

그 많은 이미지, 몸은 그대로 남아 있습니다.

여기서는 섬광등 같은 조명을 사용합니다.

지금 당신의 눈앞에는 섬광등의 컨트롤박스가 있습니다.

컨트롤박스에는 다이얼이 달려 있고, 그 다이얼에 적힌 번호는 방 안에 있는 이미지에 각각 대응합니다.

우선 다이얼을 돌리지 말고 섬광등을 켜면 그곳에 있는 모든 사람을 한 번에 볼 수 있습니다.

그러면 컨트롤박스의 다이얼을 1번에 맞춥니다.

섬광등의 주파수가 조금 바뀝니다.

그리고 1번 이미지를 제외하고는 거의 보이지 않을 정도로 희미해집니다.

그러나 1번은 아주 선명하게 보입니다.

빛은 계속해서 빠른 속도로 번쩍거립니다.

아주 빠른 속도로 번쩍거립니다.

이번에는 다이얼을 2번에 맞춥니다.

그러면 1번의 모습은 희미해지고 2번 사람의 이미지가 아주 또렷하게 눈에 들어옵니다.

다이얼을 빠르게 돌립니다.

2번, 3번, 4번, 5번, 6번. 계속 돌립니다.

그러면 그전에 본 사람은 투명해지고, 그다음에 다이얼을 돌린 사람에게 조준이 맞춰져서 그가 아주 선명하게 보입니다.

끝까지 돌렸으면 이번에는 다이얼을 반대로 돌립니다.

마치 영화를 거꾸로 돌려 보는 것과 같습니다.

다이얼을 계속 반대로 돌립니다.

0이 될 때까지 계속 돌립니다.

0이 되면 모든 것이 투명하게 보입니다.

이미지는 전부 보이지만 몹시 희미해서 유령처럼 보입니다.

자, 번호가 달린 수많은 이미지, 수많은 몸이 지금 100개 정도 있다고 가정해 봅시다.

제가 100개라고 말하는 바람에, 여러분 안에서 이미지의 개수가 갑자기 바뀌었을지도 모릅니다.

그래도 상관없습니다.

100개쯤 있다고 생각해 주세요.

그러면 이번에는 다이얼을 1번에서 33번으로 돌립니다.

중간에 2번, 3번, 4번을 거치지 말고 1번에서 33번으로 바로 돌립니다.

1번 이미지에 이어 33번의 이미지가 갑자기 떠오릅니다.

섬광등의 조명은 여전히 파파파팍 번쩍이며 빛을 내뿜고 있습니다.

당신은 거기에 앉아서 33번 이미지를 그저 가만히 쳐다보세요.

그 사람은 손을 올리고 있는지도 모릅니다.

아니면 내리려고 하고 있는지도 모르죠.

앞으로 나아가려고 할 수도 있고, 뒤로 물러서려고 할 수도 있습니다.

앉아 있을 수도 있고 서 있을 수도 있습니다.

33번이 동상처럼 거기에 멈춰 있는 모습을 그저 지켜보세요.

자, 앉아서 33번을 보고 있으면 다음과 같은 것을 알 수 있습니다.

만약 동작이 연속되지 않고 지금처럼 그저 33번밖에 보이지 않는다면, 이 33번의 한 컷 전이 어떤 모습이었는지 알 길이 없습니다.

그 한 컷 뒤에 무슨 일이 일어나는지도 알 수 없고요.

손이 올라가는지 내려가는지도 모릅니다.

손가락을 벌리려는 건지 모으려는 건지도 알 수 없습니다.

지금부터 오른쪽으로 갈 건지 왼쪽으로 갈 건지 알 길이 없죠.

그렇게 생각하고 보고 있으면 그 주위에서 다른 모습이 보입니다.

그러나 그것은 32번도 34번도 아닙니다.

33번이 그 상태에서 오른쪽으로 향할 수도 있고, 왼쪽으로 향할 수도 있다는 것을 당신은 알고 있습니다.

그래서 33번 옆에서 오른쪽으로 향하고 있는 33번의 A가 나옵니다.

반대쪽에서는 왼쪽으로 향하고 있는 33번의 B가 나옵니다.

즉, 33번의 양쪽에 앞으로 다르게 움직일 두 사람의 33번이 등장하는 것입니다.

어쩌면 33번의 A는 왼쪽으로 향하고 33의 B는 오른쪽으로 향하고 있는지도 모릅니다.

하지만 그다음은 또 어떻게 될지 모릅니다.

위로 갈 수도 있고 아래로 갈 수도 있습니다.

이제 얼어붙은 이미지가 두 개 더 등장합니다.

33번의 A 옆에 33번의 A1과 33번의 A2라는, 거기에서 다시 다른 선택을 할 33번이 나옵니다.

33번의 B1과 B2도 거기에서 나옵니다.

이러한 서로 다른 자세를 가진 33번이 모두 같은 순간에 존재한다는 것을 기억하세요.

그것은 마치 형판과 같아서 의식이 들어오기를 기다리고 있습니다. 선택을 기다리고 있습니다.

이 말을 듣고 여러분은 매 순간 모든 가능한 방향으로 갈라지고 있다는 것을 눈치채기 시작했을 것입니다.

33번에서 분기되는 무한한 가능성이 있는 것처럼 33의 A에도 33의 A1에도 각각 무한한 가능성이 있습니다.

그리고 33번만이 무한한 가능성이 있는 게 아니라, 1번에서 100번까지 전부 무한한 방향으로 향할 가능성이 있습니다.

방 안은 이제 모든 가능성을 보여 줄 투명한 존재로 가득 차 있습니다.

마치 한 장의 천이 가는 실로 짜인 것처럼, 서로를 통과하고 교차하며 다양한 가능성을 향해 움직이는 사람들로 가득 차 있습니다.

지금 그 모든 이미지, 모습을 자신의 모습이라고 생각해 보세요.

당신이 어떤 걸 원하는지, 어떤 걸 이 현실 속에서 만들어 내려고 하는지에 따라 그 안에서 자신에게 제일 잘 맞는 것을 선택하고 그 삶을 체험하는 것입니다.

'자신의 의식이 그 자신을 물리적 현실로 표현한다'는 건 무슨 뜻일까요? 지금까지 살펴본 것이 그 말을 문자 그대로 정확히 표현하고 있습니다.

【 1번과 33번을 왔다 갔다 한다 】

그러면 이어서 여러 이미지 안에서 다음과 같이 상상해 보세요.

지금 1번 사람이 당신이라고 합시다.

그 위치에서 모든 가능성, 무한한 수의 자신을 느껴 봅니다.

그러면 1번의 위치에서 33번의 A1으로 이동합니다.

순서대로 가는 것이 아니라 아주 빠르게, 순식간에 A1으로 넘어갑니다.

그리고 거기에서 당신의 다른 버전을 전부 살펴봅니다.

그런 다음 자신의 의식을 33번의 A1과 1번 사이에서 왔다 갔다 하게 합니다.

33번의 A1에서 1번으로 점프했다가 다시 1번에서 33번의 A1으로 돌아갑니다.

1번과 33번의 A1이 번쩍번쩍 어지럽게 교대합니다.

두 곳을 반복해서 왕복하세요.

빠른 속도로 왔다 갔다 하며 어떻게 다르게 보이는지 살펴보세요.

자신이 1번과 33번의 A1로 번쩍거리며 교체되는 곳에, 자신을 한 명 더 집어넣습니다.

몇 번인지는 상관없습니다.

번쩍번쩍…… 두 개씩 이동하던 것이 이번에는 번쩍번쩍, 번쩍번쩍…… 세 개씩 이동하게 됩니다.

거기에 네 번째, 다섯 번째, 여섯 번째, 그리고 일곱 번째, 계속해서 새로운 자신을 집어넣습니다.

그리고 점점 더 빠르게 움직입니다.

그 방을 차지하고 있는 무수한 자신을 계속해서 집어넣고, 모든 것 사이에서 점점 더 빠르게 이동합니다.

속도를 점점 올립니다.

동시에 방 안에 있는 모든 것이 자신이 되었다고 느낄 정도로 빠르게 움직입니다.

자신의 모든 가능성을 지금 동시에 지켜봅니다.

그리고 자신의 에너지가 매우 높아지는 것을 느낍니다.

하나의 자아에서 다른 자아로 너무 빨리 이동해서인지 여러분은 이제 여러분이 이동하는 공기를 느끼기 시작하고 방 안은 여러분의 의식으로 채워집니다.

당신은 당신의 의식을 빨아들였다가 내뱉습니다.

방 안의 모든 것이 당신의 의식이 됩니다.

방 안의 빛조차도 당신 의식의 일부가 될 것입니다.

모든 몸, 모든 공기, 모든 빛이 지금 당신의 의식 속에 있습니다.

당신의 의식은 방을 가득 채우는, 매우 빠른 속도로 진동하는 하나의 큰 에너지가 됩니다.

수많은 당신의 몸이 녹기 시작하고, 방 안은 당신의 의식 그 자체인 빛으로 채워집니다.

지금 당신은 빛 그 자체입니다.

당신의 의식은 당신을 빛으로 표현합니다.

방을 차지하는 에너지 그 자체입니다.

시간과 공간 그 자체가 되는 것입니다.

방이라는 개념 자체가 됩니다.

그 에너지, 빛이 점점 밝아져서 방 자체가 순수한 하얀 에너지가 됩니다.

번쩍.

별안간 소리가 나고 모든 것이 사라집니다.

모든 것이 멈춥니다.

모든 것이 조용해집니다.

방 안이 캄캄해졌습니다.

거기에서 다시 조금씩 밝아집니다.

당신은 방 한쪽 모서리에 놓인 의자에 앉아 있습니다.

심호흡을 합니다.

심호흡을 두 번, 세 번 합니다.

방 안에는 당신과 당신이 앉아 있는 의자밖에 없습니다.

빛은 기분 좋게 빛나고 당신은 편안한 상태에서 평화로운 기분을 느낍니다.

이제 여러분은 자신이 얼마나 무한한 존재인지 알고 그중 하나를 보았다는 것을 압니다.

자신의 의식이 물리적 현실 속에 있는 게 아니라, 의식의 표현 중

하나가 물리적 현실로서 나타난다는 것을 말이지요.

방금 여러분은 그것을 살짝 경험했습니다.

지금 체험한 파동은 여러분 안에 영원히 남아 있습니다.

이제 여러분은 물리적 현실과 의식에 대한 낡은 생각에서 해방되어 한 걸음 더 나아갔습니다.

그것이 큰 걸음인지 작은 걸음인지는 사람마다 다릅니다.

그것은 전혀 문제가 되지 않습니다.

아무리 작은 변화라도 당신 전체의 파동은 변하고 있습니다.

여러분은 앞으로 주변의 모든 것이 연결되어 있다는 사실을 더 민감하게 느끼고, 깨닫고, 인정하게 될 것입니다.

그로 인해 어떠한 현실도 노력 없이 쉽게 구축할 수 있습니다.

여러분은 지금 창조의 불길을 통과하고 있습니다.

지금 이 명상을 '창조의 불'이라고 불러도 좋습니다.

새로운 강철을 두드린 것처럼 지금 여러분은 새로워지고 있습니다.

완전히 투명하고 순수한 크리스털이 된 것 같은 기분입니다.

예전보다 더 개방적이고, 더 생기가 넘칩니다.

그러면 한 번 더 큰 정화의 호흡을 합시다.

숨을 내쉬면서 낡은 생각을 모두 내뱉습니다.

그 생각은 이제 당신의 일부가 아닙니다.

새로운 숨을 들이마시면서 자신이 새로워졌다는 것을 느낍니다.

당신은 지금 새로운 시각을 갖고 있습니다.

새로운 현실에 존재합니다.

완전히 새로운 세상에 있습니다.

완전히 새로운 우주에 있습니다.

아직 눈을 뜨지 않은 사람은 눈을 뜨세요.

일어나서 기지개를 켭니다.

팔을 쭉 뻗어 머리보다 더 높이 올리세요.

옆으로도 뻗고, 앞으로도 뻗고, 뒤로도 뻗으세요.

그리고 바로 앞에서 팔을 교차시킵니다.

여러분은 영원한 생명과 영원한 평화의 상징, 심벌입니다.

여러분은 영원한 의식입니다.

여러분은 지금까지 계속 존재해 왔습니다.

지금도 존재하고 있습니다.

그리고 앞으로도 쭉 존재할 것입니다.

여러분은 변화할 뿐, 언제나 존재할 것입니다.

왜냐하면 '지금'이라는 순간만이 존재하기 때문입니다.

항상 존재하는 영원한 한 순간, 그것이 바로 '지금'입니다.

여러분은 '지금'에 영원히 사는 것입니다.

바샤르의 키워드

물리적 현실 physical reality

"여러분은 물리적 현실 속에 존재하는 게 아닙니다. 여러분 자신이 물리적 현실입니다. 의식체인 여러분의 표현 방법 중 하나가 이 물리적 현실입니다." 바샤르는 이렇게 설명한다.

'물리적 현실'이란 보통 우리가 육체를 가지고 살아가는 현실이며, 이른바 3차원의 세계를 말한다. 개인으로 말하자면 태어나서 죽을 때까지 이 지상에서 체험하는 현실, 즉 일생이다.

한편 '물리적 현실'과 짝을 이루는 개념으로는, 그 반대인 태어나기 전이나 죽은 후의 상태, '영혼으로서의 비물리적 현실non-physical reality'이 있다. 4차원, 혹은 그보다 더 고차원의 현실일 것이다.

그 영혼으로서의 의식체인 자신이 바로 '자신을 물리적으로 표현한 것, 물리적 현실'이다. 그래서 바샤르는 자신은 주변의 모든 것과 분리된 게 아니라 현실 그 자체라고 말한다(그런 의미에서 현실을 바꾸고 새로운 세계를 구축하려면 자신의 의식만 바꾸면 된다고 할 수 있다).

그런데 우리는 '물리적'이라고 해도, 이 지상에서 육체를 지니면서 비물리적인 현실/4차원(5차원이라는 설도 있다)도 체험 혹은 표현한다. 꿈속의 현실, 명상을 할 때나 비전을 구상할 때의 현실 등이 그렇다. 어린아이들은 '친구'와 수다를 떨기도 하는데, 이것도 물리적 현실이 아닌 그들의 현실일 것이다.

게다가 '물리적 = 눈에 보이는 것', '비물리적 = 눈에 보이지 않는 것'이라고 하면, 우리의 사고나 감정, 의식의 움직임 등은 비물리적/4차원이라고 할 수 있을 것이다. 예를 들어 영화를 본다고 하자. 촬영하거나 후시녹음을 하는 등 영화를 만드는 과정은 3차원이지만, 영화를 보는 사람의 의식과 기분의 움직임, 그리고 그것을 일으키는 영화 콘텐츠 자체는 4차원이라고 한다.

우리 인간은 단순히 3차원을 살고 있는 게 아니라 여러 차원에 걸쳐 있는 존재인 듯싶다. 바샤르의 시점에서 말하면, 의식체인 자신은 자신을 여러 차원에 걸쳐 표현하고 있는 것이 된다.

의식체인 자신의 표현 방법 중 하나인 이 '물리적 현실'은 다차원에 걸쳐 있다고 여겨지는 의식체의 표현이다. 그래서 실은 그 안에 다양한 차원이 '겹겹이 접혀' 있는지도 모른다.

명상으로 새로운 세계를 만든다

이번 명상은 평소와는 조금 달랐습니다. 머릿속에서 또렷한 이미지를 떠올리기 어려웠을 수도 있습니다. 그래도 괜찮습니다. 여러분은 항상 다양한 레벨에서 많은 정보를 받고 있으며, 명상 중에도 자신에게 가장 필요한 형태로 그것을 받고 있습니다. 그러니 걱정하지 마세요.

이 명상을 연습해 보세요. 많은 것들이 연결되어 있다는 느낌을 받을 것입니다. 사물과 사건, 개념 속에서 그 연결성을 알아차리는 능력이 점점 강해집니다. 주위에서 어떤 일이 일어나더라도,

마치 태풍의 눈 속에 있는 것처럼 조용하고 평화로운 마음으로 바라볼 수 있게 됩니다.

동시에 여러분의 지성도 확장됩니다. 이미지를 떠올릴 수 있는 힘이 자라고, 개념이나 수학 같은 추상적인 것도 이해하기 쉬워집니다. 단계 하나하나를 따라가지 않아도 결과가 먼저 떠오르게 됩니다. 결국 어떤 일이 일어날지를 직관적으로 알게 되죠.

이 명상은 여러분이 기존에 머릿속으로 차근차근 생각하던 방식에 변화를 줍니다. 뇌 속의 세포 하나하나가 조화롭게 작용하고, 뇌 안의 전도율, 전기의 흐름도 바뀝니다.[1] 이 명상은 '자신의 의식이 자신을 물리적 현실로 표현한다'는 것을 이해하도록 돕기 위해 설계된 것이지만, 그 외에도 여러 수준에서 뇌 속의 연결 구조와 작용 방식을 새롭게 합니다.

이 명상은 아틀란티스 시대[2]에 사용되었던 명상과 비슷하지만, 지금 여러분이 존재하는 세계는 그 시대와는 전혀 다른, 새로운 세계입니다. 이 명상을 통해서도 아틀란티스와 지금의 차이만큼이나 변화된 또 다른 새로운 세계를 만들 수 있습니다.

---

1 뇌에는 전기를 발생시켜 정보를 전달하는 신경세포(뉴런)가 1,000억 개 이상 있으며, 그 안에서 복잡하게 연결된 신경회로를 형성하고 있다. 1개의 뉴런에는 수천에서 수만 개의 시냅스가 있고 그 하나하나가 신경전달물질 기능과 합쳐져 '전기=정보'를 전달한다.

2 약 3만 년 전에 시작되어 피라미드를 만들 정도로 과학기술이 발달된 곳이었으나 포지티브 에너지와 네거티브 에너지로 분열. 머지않아 군사적으로 혼란이 일어나고 약 1만 2000년 전 거대 운석의 충격에 의한 해일 때문에 침몰해 붕괴되었다.

그 길고 긴 시간의 흐름을 느껴 보세요. 그 안에서 자신이 얼마나 많이 변했는지도 함께 바라보세요. 그리고 언제나 그래 왔듯이, 여러분은 지금 여기에 있었다는 것도 느껴 보세요. 바로 '지금, 여기'에요.

또 하나 기억하세요. '하나의 순간과 다음 순간은 연속된 것이다'라는 정의를 내리지 않는다면, 각각은 완전히 다른, 별개의 순간이 될 수 있습니다. 이 말은 중요합니다.

당신이 과거에서 끌고 왔다고 여기는 모든 관념은, 실은 이 순간 당신이 새롭게 만들어 낸 것입니다. 마치 과거의 연장처럼 보일 뿐, 실제로는 지금 이 순간 다시 만들어 낸 것이죠. 물리적 현실이 독립된 것이 아니듯, 과거라는 것도 독립적으로 존재하지 않습니다. 여러분의 의식이 과거와 현재, 미래라는 개념을 만들어 낸 것뿐입니다.

과거도, 현재도, 미래도 문자 그대로 지금 여기에 있습니다. 모든 사물, 모든 장소, 모든 시간은 '지금, 여기'에 존재합니다. 그러므로 여러분이 원하는 어떤 현실이든, 단지 의식의 주파수를 바꾸기만 하면 바로 체험할 수 있습니다.

가슴 설레는 것을 세상에 가져온다

'세계를 구축한다'는 것에 대해 좀 더 일상적인 수준에서 이야기해 봅시다. 우선, 자신이 진정으로 가슴 설레는 일을 행동으로 옮기고 이 세상에 가져오는 것이 중요하다는 점을 기억하세요. 여러분이 자신의 꿈이나 가슴 설레는 일을 실제로 행동으로 옮기기 시작하면, 그 꿈은 반드시 실현됩니다. 약속합니다.

우주는 아주, 아주 단순합니다. 겉보기에 복잡해 보이지만, 모든 기초는 극도로 단순합니다. 만일 그 기초가 단일하고 단순하지 않았다면, 이토록 복잡하고 풍부한 구조는 절대 만들어질 수 없었을 것입니다. 단 하나의 법칙만이 무한한 것을 실현할 수 있고, 모든 것이 될 수 있으며, 또 모든 것이 하나가 될 수 있습니다.

여러분도 그 안에 포함되어 있습니다. 예외는 없습니다. 여러분이 존재한다면, 여러분은 존재 그 자체에 포함됩니다. 그리고 지금 이 순간 존재하고 있다면, 그것은 '창조주'가 여러분에게 존재할 가치를 부여했다는 뜻입니다. 자연스러운 당신이 다른 무엇보다 가슴 설레는 꿈을 꾸고 있다면, 그 이미지 하나만으로도 그 꿈은 이미 존재할 가치가 있는 것입니다.

그러니 자신을 거스르지 마세요. 당신이 꿈꾸는 모든 것은 가치가 있습니다. 당신을 창조한 창조주가 당신을 존중하듯, 당신의 꿈도 존중하세요. 만일 창조주가 당신이 그 꿈을 꿀 가치가 있다고 믿는다면, 당신도 그 믿음을 받아들이고 자신을 똑같이 믿으세요. 당신 자신이기도 한 당신의 꿈을 사세요. 당신의 꿈이기도 한 당신 자신을 믿으세요.

여러분과 이렇게 교류할 수 있었던 것은, 우리에게 말로 다 할 수 없을 정도의 기쁨이었습니다. 여러분이 이 감정을 온전히 이해하고 있는지 모르겠지만, 우리의 세계 전체가 여러분에게 사랑을 보냅니다. 우주연합에서도 여러분께 인사를 전합니다. 우리는 여러분이 우리의 우주연합에 가입하여, 우주를 탐험하고, 우주의 아이들이 노는 것처럼 우리와 대등한 입장에서 자유롭게 놀게 되기를 진심으로 바랍니다.

여러분은 여러분의 힘으로 새로운 세상을 만들 수 있습니다. 하지만 우리와 함께하면, 더 많은 새롭고 가슴 설레는 일을 함께 만들어 낼 수 있습니다. 그리고 사실, 우리는 이미 여러분과의 교류를 통해 그런 설레는 창조를 함께 시작하고 있습니다. 여러분은 언젠가 우리 연합의 일원이 될 것입니다. 그날, 우리는 여러분이 만든 다양하고 새로운 세계로부터 배울 것입니다. 그런 미래를 상상하는 것만으로도 우리는 깊은 설렘을 느낍니다.

우리는 그것을, 가슴에 소중히 간직하며 기다릴 것입니다. 그리고 오늘 여러분이 우리에게 주신 이 멋진 선물에 대한 답례로, 질의응답 시간을 가지겠습니다.

바샤르의 키워드

우주연합 the Association of Worlds

바샤르와 에사사니 문명이 속한 성간동맹에는 415개의 행성 문명이 소속되어 있다. 우주에는 이 외에도 여러 동맹이 존재하지만, 현재 태양계의 행성들은 어느 동맹에도 소속되어 있지 않다.

우주연합은 수만 년 전부터 지구를 관찰해 왔다고 한다. 인류의 성장과 진화 과정에 직접 개입하지는 않지만, 바샤르와의 교류처럼 눈에 보이지 않게 다양한 방식으로 지원해 온 것으로 보인다. 예를 들어 이집트 기자의 거대한 피라미드 꼭대기나 세도나와 같은 지구상의 특정 지점에 우주선을 배치해 에너지의 균형을 조절한 것도 그 일환으로 여겨진다.

오랜 시간 동안 지구는 우주연합이 직접 활동할 수 없는 '격리 상태'에 있었지만, 바샤르는 '절대 개입하지 않는다'는 우주연합의 정책에 단 하나의 예외가 있었다고 말한다. 그것은 많은 우주선이 핵무기 사일로 위에 나타나 핵 스위치를 정지시킨 사건이다. 그 이유는 "만약 지구에서 핵전쟁이 발생하면, 그것은 지구 이외의 다른 차원에도 심대한 영향을 미치기 때문에 결코 용납할 수 없다"는 것이었다.

현재 지구는 큰 변화의 한가운데 있으며, 그 에너지는 점점 더 속도를 내고 있다. 인류가 선택하기만 하면 지구는 다른 별들과 직접 통신할 수 있는 가능성이 열린다.

BASHAR

바샤르와의 대담

Q1 현실화되는 속도는 무엇에 달려 있습니까?

Q1(남자)　바샤르에 대한 책과 영상을 보고 많은 것을 배웠습니다.
바샤르　제가 제공한 거울을 통해 당신의 의식을 스스로 들여다보았군요. 자기 안에 없는 것은 책에서도 볼 수 없습니다.
Q1　바샤르의 여섯 번째 책을 보면 '생각한 것이 전부 실현되는 건 아니다'라고 적혀 있던데요…….
바샤르　그렇습니다. 언제나 당신에게 가장 가슴 설레는 일이 실현됩니다. 왜 가장 설레는가 하면, 바로 그것이 현실이 될 수 있기 때문입니다. 물론 여러분이 상상하는 모든 것은 어떤 차원에서는 실제로 실현됩니다. 하지만 그것이 꼭 이 물리적 현실에서 실현된다는 뜻은 아닙니다. 대부분은 이 차원에서 실현시킬 필요도 없는 것이죠.

다만, 모든 의식은 당신의 일부이기 때문에, 다른 차원에서 그것을 현실로 만들 수 있습니다. 당신이 존재하는 다양한 차원에서 각각 현실을 창조함으로써, '당신'이라는 전체가 완성되는 것입니다. 따라서 다른 현실에서 살아가는 당신의 의식 일부도, 이 지구에서의 체험을 참고하거나 힌트로 삼아 인생을 살아가고 있습니다.

Q1 책에 '3일, 3주, 3개월'이라는 표현이 있었는데, 실현 속도는 그때의 바람의 강도나 지속성과 어떤 관련이 있는 것인가요?

바샤르 그것은 그 의지가 얼마나 명확한가, 그리고 그 실현을 얼마나 신뢰하는가에 달려 있습니다. 당신이 원하는 현실의 파동에 얼마나 강하게 의지를 두고 있는가, 결국 당신의 의지에 달려 있습니다.

본질의 메시지

의지가 얼마나 분명한지, 그리고 그 실현을 얼마나 신뢰하는지에 따라 현실화의 속도가 다릅니다. 원하는 현실의 파동에 당신의 의지가 얼마나 강하게 머무르고 있는가, 결국 거기에 달려 있습니다.

Q2 가위눌림 중 들린 목소리의 의미를 알려 주세요

Q2(남자) 한 달 전, 한밤중에 자고 있을 때였습니다. 저와 아내는 가볍게 가위에 눌렸습니다. 그때 두 사람 모두 FM 라디오에서 지직거리는 소리를 들었고, 사람의 목소리로 들리는 메시지가 전해진 느낌을 받았습니다. 여성의 목소리로 뭔가를 말하는 듯했는데, 듣는 순간 더럭 겁이 났습니다.

바샤르 그것은 접선이 일어날 때 흔히 겪는 현상입니다. 그런 현상은 유사 물리의 현실 차원, 즉 에테르 차원의 낮은 영역이나 아스트랄 차원이라고 불리는 곳에서 일어나는 접선입니다.[3] 그곳은 전자기적 에너지장으로 구성되어 있어서 지직거리거나 탁탁거리는 소리로 인식될 수 있습니다. 그리고 그 메시지는 당신이 자기 자신으로 100퍼센트 살아갈 수 있도록 전해진 것입니다. 내용은 적절한 시점이 오면 자연스럽게 알게 될 것입니다. 그 경험 속에서 공포를 느낀 뒤, 어떤 감정을 느꼈습니까? 지금 떠올리면 어떤 느낌이 드나요?

Q2 도중에 그 상태에서 벗어나서 너무 아쉽고, 메시지를 끝

---

[3] 인간이나 동물, 식물 등은 눈에 보이는 물리적인 몸 바깥쪽에 여러 층으로 이루어진 에너지장을 지니고 있다. 신지학(theosophy, 19세기에 설립된 밀교적·신비주의적 사상 철학 체계로, 모든 종교·사상·철학·과학·예술의 근원에 있는 하나의 보편적 진리를 추구하는 것을 목표로 한다)에 따르면, 이러한 에너지장은 총 네 층으로 구분되며, 물리적 몸에 가까운 쪽부터 순서대로 에테르체, 아스트랄체, 멘탈체, 코잘체라 불린다.

까지 듣고 싶다는 생각이 듭니다.

바샤르   어떤 의미에서 당신은 이미 완결된 상태에 도달했습니다. 당신이 무언가를 시작할 수 있도록 가볍게 건드린 것뿐입니다. 모든 것이 한꺼번에 몰려오면 곤란하니까요. 그렇지 않으면 당신의 회로가 과부하로 타 버릴 수 있습니다. 이해하셨습니까?

Q2   네, 알겠습니다.

바샤르   그 일에 대해 더 질문이 있습니까?

Q2   그때 들었던 목소리의 의미를 가르쳐 주시면…….

바샤르   당신이 실제로 어떤 존재와 커뮤니케이션을 했다는 것을 의미합니다. 당신이 필요할 때, 그 안에 담긴 정보를 스스로 떠올려 현실 속에서 활용할 수 있게 될 것입니다. 오늘 우리가 함께한 명상과 마찬가지로, 정보는 아주 짧은 시간 안에 응축되어 빠르게 전달됩니다. 그 순간에는 생각으로 다 이해하지 못하더라도, 많은 양의 정보가 의식 속으로 흘러들어갑니다. 변화의 파도에 저항하지 않고 부드럽게 타고 나아갈 수 있어야 합니다.
또한 몸이 약간 떨렸던 이유는 오래된 관념을 떨쳐 내고 새로운 것들을 통합하기 위한 의도에서 비롯된 것입니다. 탄산이 있는 액체를 컵에 따를 때, 컵 바닥에서 기포가 올라오고 컵을 살짝 건드리면 거품이 더 올라오는 현상을 본 적이 있죠?

Q2   있습니다.

바샤르   그와 똑같은 일이 당신에게 일어난 것입니다. 누군가가 당신의 컵을 톡 건드린 거죠. 그 덕분에 당신은 앞으로 하고 싶은 일을 실현할 때 필요한 정보를 떠올릴 수 있게 되었습니다. 당신이 가장 가슴 뛰는 일을 할 때, 꿈을 살 때, 이전에는 자신에게 없다고 생각했던 재능이 드러날 것입니다. 더 적은 노력으로 다양한 일을 해낼 수 있는 능력도 나올 것입니다. 그때 받은 정보 안에는 바로 그런 재능이 담겨 있었습니다.

앞으로 당신은, 자신과 접선한 존재를 더 분명히 떠올릴 수 있을 것입니다. 그리고 그런 접선을 경험한 사람은 누구나, 그 파동에 닿은 존재입니다. 즉, 접선한 사회의 파동을 지닌 연장선상의 존재로서 이 사회에도 기여할 수 있게 되는 것입니다. 그 파동을 받아들여 이 물리적 현실에 가져올 수 있고, 동시에 그 접선한 사회와 지금도 계속 연결되어 있다는 뜻이기도 합니다.

본질의 메시지

가위눌림과 목소리는, 지구에서 일어나고 있는 새로운 에너지 변화에 당신이 동조할 수 있도록 몸의 균형을 맞추고, 오래된 관념을 떨쳐 내며 새로운 것들을 통합했다는 뜻입니다. 이 경험을 통해 당신은, 가장 설레는 일을 실현할 때 필요한 정보를 떠올릴 수 있게 됩니다.

바샤르의 키워드

전자기적 에너지 electro-magnetic energy

바샤르는 우주는 하나의 의식으로 이루어져 있으며, 사람의 몸이 각각 그 의식 속에 있는 것이 아니라 의식이 자신을 물리적으로 표현한 것이라고 말한다. 에너지가 현실 세계에 나타나는 방식은, 이미 설명된 원리를 따른다.

가장 먼저 하나의 원시입자가 존재한다. 이 입자는 무한한 속도와 진동수로 진동한다. 이 입자가 어떤 패턴으로 진동하느냐에 따라 점차 밀도가 높아지고, 고체로 변화하게 된다. 진동수가 무한한 상태에서 99만 9,000회/초 이하로 낮아지면, 밀도가 짙어지며 영적인 유동체가 된다. 이 영적인 유체로부터 전자기적인 유동체가 생겨나고, 이 유동체가 물리적인 현실의 기초가 된다. 그리고 진동수가 33만 3,000회/초 이하가 되면 물질로 변화하기 시작한다.

이 책에서 두 차례 언급되는 '전자기적 에너지'는 바로 이 전자기적인 유동체와 같은 성질의 에너지라고 볼 수 있다. 이 개념은 우리가 어떤 존재인지를 설명해 주는 핵심 키워드 중 하나다. 바샤르는 "여러분 모두는 전자기 에너지로 이루어진 존재", "의식이란 전자기장에 의해 투영되며, 모든 물질은 전자기장 속의 진동에 의해 발생한다", "전자기 에너지는 항상 여러분을 감싸고 있다"고 말한다. 우리는 전자기 에너지로 진동하며, 모든 것과 연결되어 있는 존재라는 뜻이다. 이런 설명을 들으면, 이 물리적 현실을 체험하기 위한 몸의 작용이나 사고 활동을 수행하는 뇌의 기능이 전기신호에 의해 이루어진다는 점도 자연스럽게 받아들여질 수 있다.

이 에너지는 몸이나 치유에 관한 질문이 나올 때 치유의 에너지로 등장하기도 했다. 예를 들어 "큰 소리를 내고 싶다", "아내가 자율신경실조증이다", "출

혈성 질환이다", "할아버지가 의욕이 없고 즐거운 일이 없다" 같은 사례에서 바샤르는 이 전자기 에너지를 언급했다.

"자신이 커다란 빛의 바다 속에 떠 있다고 생각하세요. 전기적으로 푸른빛을 발하는 액체의 빛입니다. 이것은 우주의 모든 것을 연결하는 빛의 바다이자, 우리의 모든 의식을 연결하는 빛의 바다죠. 우리의 집단의식으로 이루어진 빛의 바다입니다."

Q3 파동이 강하게 느껴집니다

Q3(여자) 회장에 느껴지는 이 에너지와 바샤르의 에너지에 깊이 감사드립니다.

바샤르 그리고 당신의 에너지에도요. 어차피 당신은 당신 자신의 에너지밖에 경험하지 않았으니까요.

Q3 네, 알고 있습니다. 어릴 때부터 저는 지구인뿐만 아니라 이 넓은 우주에는 다양한 존재가 있다는 확신을 가지고 있었습니다.

바샤르 아이가 그런 감정을 느끼는 건 매우 자연스러운 일입니다.

Q3 네. '파동'이나 '의식'이라는 단어를 들으면 더 잘 느껴집니다. '우주연합'이라는 말을 처음 들은 것은 아니지만, 조금 전 그 말을 들었을 때 제 안에서 새로운 에너지가 솟아오르고, 몸에 쿵 하고 울림이 느껴졌습니다.

(잠시 정적)

바샤르　잠시만요. 당신은 과학자입니까, 아니면 무언가를 연구하고 있습니까?

Q3　과학적인 연구는 하지 않습니다.

바샤르　그렇다면 조종사입니까?

Q3　아니요, 조종사도 아닙니다.

바샤르　우주선을 타고 우주에 간다면 기분이 좋을 것 같습니까?

Q3　네. 정말 조종사가 되고 싶었고, 어릴 때부터 우주를 동경했습니다.

바샤르　우주선을 조종하고 싶었나요?

Q3　조종하고 싶었습니다.

바샤르　그렇다면 당신은 조종사입니다. 저는 느낄 수 있습니다. 저도 조종사이기 때문에 당신과 비슷한 점이 있다고 생각합니다. 당신의 파동이 느껴집니다. 조종사는 다른 역할보다 파동에 대해 더 잘 알고 있어야 합니다. 파동을 이해하고 있어야 우주선을 조종할 수 있기 때문입니다. 당신의 의식 속에 흐르는 파동은 우주선의 의식과 단단히 연결되어 있습니다. 우주선은 일종의 공명 상자입니다. 물론 여기서 말하는 우주선은 지구의 것이 아니라 우리 별의 우주선입니다. 무슨 말인지 이해하십니까?

Q3　……. 방금 몸에 아주 기분 좋은 파동, 떨림이 일어나서 잠시 멍해졌습니다.

바샤르   '스페이스 아웃'은 조종사의 또 다른 상징입니다. 당신은 모든 징후를 다 가지고 있군요.

(바샤르, '멍해지다'가 'space out'으로 표현된 것을 듣고, 'space'에 우주라는 의미가 있는 것에 착안하여 답한다.)

Q3   저는 사람의 파동을 강하게 느낄 수 있습니다.

바샤르   에너지와 파동에 대해 당신은 매우 민감하게 반응합니다. 지구에는 지금 있는 기술을 실제 우주선 제작으로 연결할 수 있는 사람이 몇 명 있는데, 당신도 그중 한 명입니다. 시간이 조금 걸릴 수도 있지만, 사는 동안 충분히 실현할 수 있습니다. 물론 그것이 당신을 설레게 하는 일이라면 말입니다. 지구에서 사용하는 당신의 이름은 무엇입니까?

Q3   가즈에입니다.

바샤르   당신의 분신이 우리 별에 한 명 있습니다. 그래서 저는 당신을 느낄 수 있었습니다. 무슨 말인지 알겠습니까?

(질문자, 크게 호흡한다.)

Q3   괜찮아요. 잠깐 가슴이 찡해져서.

바샤르   지금은 이 정도로 하고, 조금 느긋하게 갑시다. 당신은 지금 충분한 양을 받았고, 처리할 수 있을 만큼 받았습니다. 공유해 줘서 정말 고맙습니다.

Q3   묻고 싶은 게 하나 있는데요…….

바샤르   정말 물어볼 필요가 있다고 생각해요? 묻고 싶으면 물으세요.

Q3　'뫼비우스의 띠'에 대해 알고 싶습니다. 저는 이 우주를 뫼비우스의 띠로 비유할 수 있다고 생각합니다.

바샤르　답은 '그렇다'입니다. 처음도 끝도 없지요. 더 있나요?

Q3　(이제 아무 할 말이 없다는 느낌으로) 정말로 감사했습니다!

바샤르　동료 조종사로서 저도 정말로 감사합니다.

본질의 메시지

당신은 우주선의 조종사입니다. 조종사는 다른 직업보다 파동에 대해 더 잘 알아야 합니다. 파동을 이해해야 우주선을 조종할 수 있기 때문입니다.

바샤르의 키워드

우주선 space ship, craft ship

우리에게 '우주선'은 흔히 UFO, 즉 미확인비행물체와 같은 의미로 받아들여지지만, 바샤르에게 우주선은 당연히 '미확인'된 것이 아니므로 '우리 배 our ship, our craft'라고 불린다. 그는 이 우주선의 항행 방법에 대해 여러 차례 설명한 바 있으며, 때로는 우주선을 구성하는 재료나 물질 성분에 대해서도 언급한다.

바샤르의 우주선이 항해하는 방식을 이해하려면 먼저 '위치'에 대한 개념을 새롭게 바라볼 필요가 있다. 그가 말하는 '위치'란 단순히 어떤 물체가 존재하는 공간이나 장소가 아니라, 그 물체가 지니고 있는 고유의 성질을 뜻한다.

모든 것에는 고유의 진동수가 있다. 따라서 어떤 물체가 A라는 장소에 있을 때와 B라는 장소에 있을 때는 서로 다른 고유의 진동수를 가진다. 바샤르는 A에 있을 때의 우주선 진동수를 B에 있을 때의 진동수로 바꾸는 방식으로 이동이 일어난다고 말한다. 진동수 방정식 안에서 위치를 나타내는 변수를 A에서 B로 바꾸는 순간, 우주선은 더 이상 A에 머물 수 없고, 순식간에 B에서 재현된다는 것이다.

그렇다면 이 진동수를 어떻게 맞출 수 있을까. 그 핵심은 파동의 공명, 공진을 일으키는 기술에 있다. 모든 것이 진동이기 때문이다.

바샤르의 우주선 중앙에는 일정한 비율로 설계된 '공명을 위한 빈방'이 있으며, 이 방에는 특정한 종류의 높은 에너지가 흘러들어온다. 이 방을 목표 진동수로 진동시키면, 공진이 발생하고 그 진동이 우주선 전체에 전달된다.

우주선을 조종하는 파일럿은 진동에 대한 이해를 바탕으로 작동한다. 시간과 공간 속에서 다양한 위치의 진동수를 인식할 수 있는 의식을 가진 컴퓨터와 함께 작동하며, 목표로 하는 위치를 대표하는 진동수를 이 공명방에 만들어낸다. 그리고 우주선 전체가 그 진동수에 공명하게 되면, 그 순간 우주선은 목표 위치로 즉시 이동한다.

Q4 열심히 사는 것에 지쳤습니다

Q4(여자) 저는 항상 인생에서 힘든 길을 선택하는 편이에요.

바샤르 왜일까요, 그런 일에 가슴이 설렙니까?

Q4 예를 들어 병에 걸렸다고 하면, 병에 걸려서 지금까지 보이지 않았던 다른 견해를 얻거나 배울 수 있으니까요.

바샤르 그래요. 얼핏 보기에 부정적으로 보이는 것도 긍정적인 것으로 시각을 바꿀 수 있지요. 다들, 그런 재능이 있습니다.

Q4 그런데 지겨워요…….

바샤르 이제 지쳤습니까?

Q4 너무 피곤해요.

바샤르 다만 이런 길을 기꺼이 선택하는 사람도 있다는 것을 알아주셨으면 합니다. 결국에는 좋은 일만 남을 거라는 희망을 안고 하기 싫은 일부터 시작하는 거지요. 어때요, 참 창의적이죠!

그래서 첫 번째 단계는 그 일을 하는 자신이 실패했다고 생각하지 않는 겁니다. 물론 당신은 그렇게 생각하지 않겠지만요.

그리고 또 하나는 자신이 원하는 것을 고통 없이 받을 가치가 있다고 이해하는 겁니다. 동시에 인생에는 자신이 원하는 챌린지, 도전이 있다는 사실도요.

이러한 도전은 당신을 성장시킵니다. 때로는 그 챌린지, 도전이 어려워 보일 때도 있습니다. 그것은 당신이 '이것은 도전이 아니라 고난이다'고 배웠기 때문입니다.

그러므로 먼저 기억해야 할 것은 어떤 상황도 중립적이며 원래 가지고 있는 의미는 없다는 점입니다. 어떤 상황에서도 스스로 의미를 부여할 수 있습니다.

긍정적이든 부정적이든, 당신 자신이 의미를 부여할 수 있습니다. 어떻게 보이든, 당신이 부정적인 의미를 부여하면 어려움을 겪게 됩니다. 하지만 긍정적인 의미를 부여하면 어려움이 아니라 챌린지, 도전이 되므로 당신은 가슴 설레면서 해낼 수 있습니다.

어떤 상황에서 얻을 수 있는 결과는 100퍼센트 당신이 그 상황에 어떤 의미를 부여하느냐에 달려 있습니다. 지금 무슨 말인지 아시겠어요?

Q4   예.

바샤르   그럼 제가 당신에게 질문하겠습니다. 준비됐습니까? 내가 뭘 묻고 싶은지 짐작이 가나요?

Q4   잘 모르겠습니다······.

바샤르   제가 도와주죠. 어떤 사람이 '내 인생은 온통 가시밭길이다'고 생각한다면, 그건 가장 설레는 일을 하지 않기 때문입니다. 그래서 전 이렇게 질문합니다. 당신은 인생에서 가장 설레는 일을 하고 있습니까? '예'인가요, '아니요'인가요?

Q4   글쎄요, 설레는 일을 찾지 못했어요······.

바샤르   그런 말은 믿지 않아요.

Q4 전에는 힘든 일을 하며 정신적으로 성장하는 제 모습에 설레기도 했지만 이제는 조금 지쳤습니다.

바샤르 그러면 지금 설레는 일은 무엇입니까? 지금 하지 않지만 하고 싶은 일은 무엇이죠?

Q4 지금은 정신적으로 자립하는 거예요.

바샤르 정신적으로 자립한다는 건 무엇을 의미합니까?

Q4 제가 남에게 잘 의존하고 쉽게 상처받아서요.

바샤르 아니에요. 당신은 '나는 쉽게 상처받는다'고 믿기로 선택한 것뿐입니다. 그런 관념을 선택한 거예요. 거기에는 큰 차이가 있습니다.

열심히 사는 데 지쳤다면 우선 '나는 쉽게 상처받는다'는 믿음을 버리세요. 감수성이 풍부하다고 한다면 저는 그 말을 믿을 겁니다. '감수성이 풍부하다'라고 말할 때 당신에게 힘이 돌아오니까요. 그리고 그때, 당신은 자기 안의 창조성과 연결됩니다.

하지만 당신이 '나는 감수성이 풍부해서 쉽게 상처받는다'라고 믿으면, 그 관념이 당신이 얻는 결과가 됩니다.

감수성이 풍부하다는 점을 자신을 더욱 강하게 하는 데 활용하면 당신의 발은 지면에 단단히 뿌리내리고 당신은 자립한 강한 존재가 됩니다.

"지금 하고 있지 않지만 당신을 설레게 하는 일은 무엇입니까?"라고 제가 물었을 때는, 당신이 즐길 수 있는 뭔가 창조적인 행동이 무엇인지를 물은 것입니다. 인생에서 꿈이나 하고 싶은 일이 없나요?

Q4　알겠어요! 그게 꼭 물질적인 것만은 아니지만 저는 받는 것만 좋아했던 듯합니다. 이제부터는 다른 사람에게 도움이 되는 일도 해 보고 싶다, 그런 생각을 할 때 가슴 설렙니다.

바샤르　그러면 무엇을 어떻게 줄 건가요? 어떻게 주고 나누고 싶다는 거죠? 무엇을 줄 수 있습니까? 자, 거의 다 왔어요.

Q4　뭘 줄 수 있냐는 말이죠. 그러니까, 바샤르 식으로 말하면 무한한 사랑을 줄 수 있겠지만, 우선 제 단계에서 무한한 사랑을 주는 건 불가능하다고 생각해서…….

바샤르　아니, 어떤 방법으로 서로 나눌 수 있다는 거죠? 어떤 행동으로 줄 수 있는지? 그걸 묻는 겁니다.

Q4　자신의 감정이나 자아를 전면에 내세우지 않고…….

바샤르　지금 제가 듣고 싶은 말은, 당신이 하지 않을 일이 아니라 당신이 할 일입니다. 하지 않을 일에 의식을 집중하면, 당신의 행동은 하지 않는 쪽으로 갑니다.

당신은 무엇을 하고 싶은 걸까요? 당신이 모두와 나누고 싶은 그 감각을 구체적으로 보여 주는 행태, 행동은 무엇입니까? 다른 어떤 것보다도 당신에게 기쁨을 주는 일은 무엇입니까? 일의 한 분야인가요, 아니면 어떤 프로젝트인가요, 기획을 하는 건가요? 구체적으로 어떤 겁니까?

Q4   그러고 보니 저는 일하는 걸 별로 좋아하지 않아서…….
바샤르   그건 묻지 않았습니다. 당신의 꿈은 무엇인가, 그걸 물었죠. 당신의 꿈은 무엇입니까? 일을 하고 싶지 않다, 그런 얘기를 듣고 싶은 게 아닙니다.
본인이 정말로 하고 싶은 일을 하면, 일을 하고 있어도 일이라고 느끼지 않아요. 대답을 제한하지 말고 꿈이 무엇인지, 무엇을 하고 싶은지 말해 보세요.
Q4   그냥 팍 떠오른 걸 말하면 되나요?
(바샤르, 조금 놀란 듯이 익살스러운 표정을 짓는다.)
바샤르   지금까지 이야기해 보지 않은 꿈을 알려주세요. 그래야 더 창의적이게 됩니다. 자신의 꿈이 무엇인지 생각하기 시작하면, 전에 자신에게 억지로 주입했던 꿈이 먼저 나옵니다. 왜 그 꿈을 억지로 주입했는지에 대한 이유는 무수히 많습니다. 이건 바보 같다느니, 이래서는 돈이 들어오지 않는다느니, 이런 일을 하면 무시당한다느니, 어린애 같다느니, 이 현실 세상에서는 아무도 이런 일을 하지 않는다느니.
어때요, 뭔가 나오지 않나요? 제한을 두지 않으니까요. 지금 하고 있는 일 중에, 정말로 가슴 설레고 즐거운 게 있습니까?
Q4   동물이나 고양이를 좋아합니다. 그리고 아이들도요.
바샤르   그러면 당신은 동물이나 고양이, 아이들과 무엇을 하고 싶습니까?

Q4 같이 놀고 싶어요.

바샤르 어떻게요? 동물이나 아이들과 뭔가를 하는 게 당신의 삶의 양식이 된다면 무엇을 하고 싶습니까? 그런 일을 업으로 삼고 싶나요? 그 일이 지금 당신이 생각할 수 있는 일 중에서 가장 가슴 설레는 일입니까? 아니면 뭔가 다른 일이 있을까요?

Q4 만약 그 일을 할 수 있다면, 아마 즐겁게 할 수 있을 것 같아요.

바샤르 '만약 할 수 있다면'이 아니라, 당연히 할 수 있습니다. 무엇이든 가능해요.

Q4 하지만 그럴 자격도 없고…….

바샤르 그 일을 해 보고 싶다고 생각해 본 적은 있고요?

Q4 예.

바샤르 만약 당신이 그 일을 하고 싶다고 생각했다면, 당신은 이미 충분한 자격이 있습니다. 자신이 가장 설레는 길을 따라가다 보면, 거기에 필요한 물건이나 지식, 사람을 끌어당길 수 있습니다. 비결은 매 순간 자신이 할 수 있는 범위 내에서 가장 설레는 일을 행동으로 옮기는 겁니다. 그 순간에 당신이 할 수 있는 가장 설레는 일을 하면 다음에 또 설레는 일이 나옵니다. 고구마줄기처럼 줄줄이 따라 나오지요.

가슴 설레는 일은 전부 연결되어 있기 때문입니다. 자신이 가장 가슴 설레는 일을 할 때, 그 일을 하는 데 필요한 것이 자연스럽게 다가옵니다. 아니면 만들어집니다. 왜냐하면 당신이 뭔가에 가슴 설렌다면, 설레는 데는 이유가 있기 때문입니다. 당신이 가장 설레는 일은 바로 '이것이 진정한 당신이다'라고 알려주는 것이지요. 이것이 여러분이 '가슴 설렌다'고 표현하는 기분, 감각입니다. 창조주인 자신이 황홀감에 가득 차도록 느끼게 해 주는 파동이 바로 설레는 마음입니다. 당신이 그러한 파동으로 진동할 때, 우주가 당신을 지지하지 않으면 무엇을 할 수 있겠습니까?

생각해 보세요. 당신이 주는 것이 당신이 받는 것입니다. 이것이 '창조'의 유일한 법칙입니다. 어느 차원에서나, 어느 곳에서나, 누구에게나 적용되는 법칙은 그것 하나뿐입니다. 당신이 주는 것이 당신이 받는 것. 따라서 당신이 설레는 파동으로 진동하면서 가장 설레는 방향으로 행동할 때, 당신은 가슴 설레는 현실을 받아들일 수 있습니다. 아시겠어요?

Q4 예.

바샤르 조금 가슴이 설렜나요?

Q4 지금은 듣는 데 정신이 팔려서 설레는지 잘 모르겠어요.

바샤르 '하고 싶은 일은 무엇이든 할 수 있다'는 말을 들으면 설레지 않나요? 그리고 그 일을 하면 영원히 우주의 지지를 받게 됩니다. 어때요, 설레지 않습니까? 저라면 설렐 것 같은데요. 저는 그렇게 살고 있습니다. 당신이 꼭 그래야 하는 건 아니지만요. 힘든 일을 해야 더 설렌다면 그것도 좋겠지요. 다 당신에게 달렸습니다.

Q4　　그게 노력한다고 해서 설레는 게 아니고, 자연스럽게 갖추어져야 설레는 것이라서요. 그냥 자연스럽게 갖추어지기를 기다리면 되는 걸까요?

바샤르　　그건 노력으로 되는 게 아닙니다. 그러니 노력해야 배울 수 있는 건 아니다, 라고 말하는 게 맞겠지요. 배울 필요가 있는 것을 노력 없이 배울 수 있는 상황을 끌어당기는 것입니다. 자신이 있어야 할 곳에, 있어야 할 때에 있으면 자신이 배워야 할 것이 무엇인지를 자연스럽게 알게 됩니다. 그것을 싱크로니시티라고 합니다. 타이밍이라고 불러도 좋겠군요. 이는 자동으로 일어납니다. 여러분은 자동 창조자, 오토매틱 크리에이터 automatic creator 입니다. 생각하지 않아도 늘 창조하고 있지요. 무슨 말인지 아시겠어요?

Q4　　예. 대단히 감사합니다.

바샤르　　저도 감사합니다. 몹시 설레는 감동적인 대화였습니다.

본질의 메시지

사람이 자신의 인생이 온통 힘든 일뿐이라고 느낄 때는, 사실 가장 가슴 설레는 일을 하고 있지 않기 때문입니다. 먼저 자신이 원하는 것을 별다른 고통 없이 받을 자격이 있다는 사실을 받아들이세요. 그리고 기억하세요. 만약 어떤 일을 진심으로 하고 싶다고 생각했다면, 이미 그 일을 할 자격은 충분합니다.

✦

모든 환경과 상황은 기본적으로 중립적입니다.
당신이 거기에 어떤 에너지를 쏟느냐에 따라 결정이 됩니다.
당신이 주는 것이 당신이 받는 것입니다.
그러므로 그 상황에 긍정적인 의미가 있다고 굳게 믿고
거기에 긍정적인 에너지를 쏟아주세요.

또 한 번의 만남

1-3-5-7 실현 법칙

원네스oneness, 가장 중요한 첫 번째 원리

여러분은 지금 기분이 어떤가요? 본격적인 이야기에 들어가기에 앞서, 이러한 교류의 기회를 만들어 주어서 우리 쪽에서 "감사합니다."라는 인사를 먼저 전하고 싶습니다.

오늘 여러분에게 제공할 정보는 꽤 집중이 필요한 주제입니다. 우리는 지금까지 이와 관련된 이야기를 여러 차례 나눠 왔습니다. 그리고 그 모든 기초가 되는 핵심은 바로, 여러분이 자신의 현실을 스스로 창조하고 있다는 사실입니다. 따라서 여러분은 실제로, 자신이 원하는 대로 현실을 만들 수 있습니다.

오늘은 지금까지 배운 것을 전부 활용해서 더 효과적으로 실현하는 연습을 해 보려고 합니다. 여러분이 인생에서 만들고 싶은 변화를 제대로 만들어 내기 위해 구체적으로 어떤 일을 하면 좋을지도 함께 살펴볼 것입니다. 단계별로 꼼꼼하게 실행하면 반드시 결과가 뒤따릅니다.

우리는 이러한 흐름을 '1-3-5-7 실현 법칙'이라고 부르고 있습니다. 혹은 더 간단하게 '변화를 일으키는 방법'이라고도 할 수 있습니다. '1-3-5-7'은 네 개의 단계로 구성되어 있습니다. 첫 번째 '1'은 바로 원네스, 하나라는 개념입니다.

여러분은 하나의 완전한 존재, 모든 것을 포함한 존재입니다. 자신이 모든 것을 아우르는 완전한 존재라는 점을 먼저 이해하세요. 이 첫 번째 원리를 알고 받아들이는 것이, 이어지는 '3-5-7' 과정에서 더 큰 효과를 내는 데 핵심이 됩니다. 따라서 이 '1'의 원리가 가장 중요합니다.

그리고 하나 더 말하고 싶은 점이 있습니다. 여러분은 지금 이 순간, 여기서 제공되는 정보를 스스로 필요한 만큼 흡수하고 있습니다. 아직 잘 모르겠다는 생각이 들 수도 있지만 걱정할 필요는 없습니다. 그저 몸의 긴장을 풀고, 편안한 상태에서 들으면 됩니다. 여러분은 이미 자신에게 필요한 정보를 적절한 타이밍에 받아들이고 있으니, 그 흐름을 믿어 주세요.

이것 역시 '1'의 원리와 이어져 있습니다. 여러분의 지성뿐 아니라 존재 전체로, 여러분 자신을 바라봐 주세요. 그리고 여러분 안에 있는 표층의식과 무의식 사이의 벽을 천천히, 부드럽게 허물어 주세요.

무의식은 이제 필요 없다

자, 이제 '여러분은 단 하나의 의식이다.'라는 지점에서부터 이야기를 시작하겠습니다.

여러분이 무의식이나 잠재의식이라고 부르는 것은 본질적으로 존재하지 않습니다. 그저 여러분이 스스로 구분해서 그렇게 사용한 것일 뿐입니다.

여러분은 물리적 현실을 체험하기 위해 의식을 집중하는 영역에 제한을 두었습니다. 그 결과, 스스로 보지 못하고 느끼지 못하는 부분이 생겨났습니다. 그렇게 생긴 그 '무의식'이라는 영역을, 여러분은 수천 년 동안 당연한 듯 받아들이며 살아왔습니다. 그러는 사이, 사실은 더 이상 무의식이 필요하지 않다는 점을 잊어버렸습니다.

이제는 그 무의식 부분이 더 이상 필요하지 않습니다.

무의식에 담아 두었던 것들이, 마치 거품이 표면으로 올라오듯,

조금씩 의식의 표면으로 올라오기 시작해도 괜찮습니다. 그런 변화는 처음엔 조금 낯설고 두렵게 느껴질 수도 있습니다. 하지만 그것 역시 괜찮습니다.

조금 불편할 수도 있지만, 그건 이제껏 보지 못했던 진짜 '나 자신'을 발견하고 있는 순간이기 때문입니다. 두려워할 이유는 없습니다.

현실에서 마주치는 것들 중 여러분의 의식이 아닌 것은 존재하지 않습니다.

그러니 자신의 모든 것을 발견하는 데 몸을 맡겨 보세요.

자신을 '하나'로 보는 간단한 방법

자신을 통합된 존재로 보는 가장 쉬운 방법은 다음과 같습니다. 이미 여러 번 이야기했듯, 여러분 인생의 가장 중요한 토대가 되는 원리입니다. 바로 자신이 가장 가슴 설레는 것을 행동으로 옮기는 것, 자신의 꿈을 살아가는 것입니다. 이 원리와 감각을 이해하는 것은 아주 중요합니다. 그래서 오늘은 이 부분을 조금 더 깊이 이야기하려고 합니다.

여러분 인생에서 일어나는 모든 일은, 단 하나의 기준에 따라 움직입니다. 그 일이 여러분이 진정한 자신을 얼마나 느끼게 해 주는가. 그것이 전부입니다. 하나도 예외 없이, 모든 일이 그렇습니다.

가장 가슴 설레는 일을 하겠다 선택하면 선택할수록, 여러분의 인생은 더 쉬워지고, 더 자연스럽게 흐르게 됩니다. 그리고 여러분은 더 깊이 통합되어 갑니다. 이 설렘은 반드시 들뜬 감정일 필요는 없습니다. 고요함 속의 균형, 평온함으로 다가오는 경우도 있습니다. 그러나 그 안에는 언제나 "나는 그것을 알고 있다"는 깊은 확신이 함께합니다. 그러니 이 설레는 감정이야말로 여러분이 가장 자연스러운 존재 상태에 있다는 신호임을 이해해야 합니다.

100퍼센트 살아 있다는 것은, 자신이 진실이라고 믿는 삶을 사는 것입니다. 그 외의 모든 것은 자기 자신을 부정하는 것입니다. 여러분이 가장 설레는 일을 선택하고 행동으로 옮기면 우주가 여러분을 지지합니다. 힘을 쓰지 않아도 일이 흘러가게 됩니다.

꼭 큰 프로젝트가 있어야 하는 것은 아닙니다. 매 순간, 가장 설레는 일을 하나씩 해나가는 것만으로 충분합니다. 가슴 설레는 일이 있지만 아직 시작하지 않았다 해도 괜찮습니다. 그래도 매 순간, 그 순간에 가장 설레는 일을 행동으로 옮기다 보면 자연스럽게 그 일로 향하게 될 것입니다. 왜냐하면, 이 설레는 감정은 모두 연결되어 있으니까요.

오늘은 이 두 가지 스타일에 대해 이야기하려 합니다. 하나는 매 순간 가장 설레는 일을 행동으로 옮기는 방식. 또 하나는, 무엇보다도 설레는 하나의 꿈을 어떻게 쫓아가면 좋을지에 대한 이야기입니다.

통합된 사람, 분리된 사람

하지만 무엇보다도 맨 처음 해야 할 일이 있습니다. 자신을 하나의 완전한 존재로 느끼는 것입니다. '내가 이러이러한 사람임을 알고 있다'고 100퍼센트, 절대적으로 신뢰하는 것입니다. 지금까지 몇 번이나 말했지만 한 번 더 말해도 되겠지요. 100퍼센트 절대적으로 신뢰한다는 것은, 방법이 따로 있는 것이 아닙니다. 신뢰가 부족해서 의심하는 게 아니니까요. 의심이란 자신이 원하지 않는 현실을 100퍼센트 신뢰하는 상태를 말합니다.

따라서 여러분이 원하는 것을 100퍼센트 신뢰하려고 할 때, 여러분은 신뢰하는 방법을 새로 배우지 않아도 됩니다. 자신이 원하지 않는 것에서 눈을 돌리고 원하는 것을 신뢰하면 됩니다. 원리는 변하지 않습니다. 100퍼센트 신뢰한다는 것은 여러분의 본심이 그러하다는 뜻입니다. 100퍼센트 신뢰하지 않는 순간이 없는 거죠. 무엇을 100퍼센트 신뢰할 것인가? 여러분은 그것만 확실하게 정하면 됩니다.

자신을 통합된 존재로 보는 사람들과, 자신을 분리된 일부분으로 보는 사람들의 현실은 크게 다릅니다. 자신을 분리된 일부로 보는 사람은 이렇게 말합니다. "이 일은 무척이나 가슴이 설레지만 내 안의 한쪽 부분이 그 일을 해도 되는지 두려워해. 그러니까 안전을 위해 이 일을 계속 해 보자. 내 일부는 이걸 할 수 있다고 믿지만, 다른 일부는 도저히 할 수 없다고 생각하니까." 반면에 통합된 사람들은 '일부는 여기, 일부는 저기'가 아니라는 것을 알고 있습니다. 그 '일부는 이쪽, 일부는 저쪽'이라고 생각하는 것도 전부 100퍼센트 안에서 보는 것입니다.

자신이 하고 싶은 일을 하는 것도 100퍼센트 현실입니다. 하고 싶지 않은 일을 하는 것도 100퍼센트 현실입니다. 하고 싶은 일과 하고 싶지 않은 일을 하는 것도 50퍼센트가 아니라 또 하나의 100퍼센트 현실입니다. 앞에서 말한, 하고 싶은 일을 하는 현실이나 하고 싶지 않은 일을 하는 현실과 연결되어 있지 않습니다. 이 두 가지 일을 하는 것도 하나의 현실입니다. 그 현실의 정의도 그 자체로 완결된 것입니다.

바샤르의 키워드

두려움 fear

자신의 꿈을 향해 한 발짝도 내딛지 못하는 이유는 두려움 때문이다. 따라서 열정을 좇으며 살아가기 위해서는 먼저 이 두려움을 내려놓아야 한다. 바샤르는 두려움을 떨쳐내는 데는 스스로의 힘뿐 아니라, 때로는 타인의 도움이 필요하다고 말한다. 이 책에서도 다른 사람의 시선과 비판에 대한 두려움을 벗어날 수 있도록 자연스럽고도 절묘하게 안내한다.

바샤르는 돈, 관계, 건강 등 사람들이 경험하는 대부분의 문제의 근원은 결국 두려움과, 그 두려움에서 비롯되는 분리감이라고 본다. 하지만 무엇보다 중요한 것은, 바샤르가 사물을 '좋고 나쁨'으로 판단하지 않는다는 점이다. 바샤르는 우리에게 말한다. "두려움을 느껴도 괜찮습니다. 두려움은 두려워할 대상이 아닙니다." 두려움이란 본래의 자신과 어긋난 관념이 있다는 것을 알려주는 신호, 다시 말해 의식의 문을 두드리는 메시저라고 설명한다. 이 사실을 받아들이면, 두려움은 자신을 막는 장애물이 아니라 오히려 성장을 이끄는 긍정적인 감정이 된다.

"당신을 방해하는 것은 두려움 그 자체가 아니라, 두려움에 대한 두려움, 두려움에 대한 불안입니다."

그렇다면 두려움을 어떻게 긍정적인 방향으로 활용할 수 있을까? 우선 두려움을 직시해야 한다. 그리고 그것이 어디서 비롯되었는지를 이해하고, 부정적인 관념을 찾아내야 한다. 마지막으로 그 관념을 자신이 선호하는 긍정적인 관념으로 바꿀 수 있어야 한다. 자기 안의 부정적인 관념을 하나하나 바꾸는 과정을 통해, 결국 우리는 두려움을 두려워할 필요가 없다는 사실을 명확히 인식하게 된다.

바샤르는 한때 이렇게도 말했다. "여러분은 수천 년 동안 자신의 힘을 두려워했습니다. 과거에도 그런 일이 있었지만 또다시 그런 일이 일어나면 어쩌나

하고 말이지요. 자신이 창조의 일부라는 걸 알고 자신의 빛에 눈을 뜨면, 더 이상 파괴적으로 힘을 사용할 필요가 없다는 것을 알게 됩니다."

설레며 살아야 안전하고, 순탄하다

다음에 하는 말은 매우 중요하니 잘 들으세요. 모든 관념은 그 안에서 완결됩니다. 왜 그 안에서 완결되는가 하면, 관념은 '그 관념만이 진실'로 보이도록 만들어졌기 때문입니다. 그 관념을 제외한 현실은 전부 다 그저 이미지, 상상으로 만들어진 것입니다. 그래서 하기 싫은 일을 할 때, 하기 싫다고 느끼는 그 생각이나 에너지가 그 관념을 뭔가 다른 것으로 바꾸기 어렵다고 믿게 만듭니다.
"하지만 나는 이 일을 하면 어떻게든 안정적으로 살아갈 수 있어. 만약 이 일을 그만두면 어떻게 살아야 할까, 어떻게 생활해야 할까. 그리고 이 일이 아닌 다른 일을 해서 어떻게 생계를 유지할 수 있을까 지금 내 눈엔 보이지 않아."
왜 보이지 않느냐 하면, 자신이 지금 원하지 않는 일을 하고 있다는 사실 자체가, 어떻게 다른 일을 해서 생계를 유지할지 아는 것조차 방해하고 있기 때문입니다. 다른 일을 해도 생계를 유지할 수 있는지 알고 싶으면 일단 해 보는 것이 가장 간단한 방법입니다.

잘 생각해 보세요. 우주에서 유일하게 정해진 것은 '변화'입니다. 하고 싶은 일을 하는 것보다 하기 싫은 일을 참고 하는 편이 안정적으로 보일지 모릅니다. 변화보다 안정적으로 보일 수도 있습니다. 하지만 실상은 그렇지 않습니다. 자신이 가장 가슴 설레고 끌리는 방향으로 변화하는 것이 가장 안정적이고 안전하며 간단하게 사는 길입니다.

진정한 자신을 표현할 수 있는 일, 즉 가장 설레는 일을 하는 대신, 다른 일을 하면 결국에는 지쳐 버립니다. 자신이 아닌 다른 누군가가 되려고 하면 결국은 지칩니다.

변화가 도전을 피할 수 있게 해 준다는 말은 아닙니다. 하지만 자신이 가장 설레는 방향으로 변화하는 것은 여러분에게 고통을 가져다주지 않습니다. 물론 그 변화를 거부하지 않는다면 말이지만……. 만일 변화에 고통이 따른다면 그것은 그 변화에서 오는 고통이 아니라 그 변화를 거부하는 데서 오는 고통입니다. 오래된 버릇이나 습관, 낡은 관념을 버리지 못하는 데서 오는 거죠. 가슴이 설레는 방향으로 거스르지 않고 자발적으로 변하기 시작했을 때, 수많은 일들이 순조롭게 움직이기 시작합니다.

깨어 있는 채로, 믿음을 갖고 자신이 설레는 방향으로 나아가기 시작하면 모든 상황과 기회가 점점 더 쉽게 주어진다는 것을 알게 됩니다. 나아가 자신이 가장 설레는 일을 함으로써 생계를 꾸릴 수 있다는 사실도 알게 될 것입니다.

통합된 존재로 행동한다

그러니 여러분 자신을 여러 부분의 집합체로 보지 말고, 온전한 하나의 통합된 존재로 보세요. '내 일부는 이걸 하길 원하지만, 이쪽의 일부는 이걸 하길 원해. 나의 이쪽 부분은 이걸 원하고, 저쪽 부분은 저걸 원해'라는 식이 아닙니다. 매 순간 자신이 무엇을 느끼든, 무엇을 하려고 하든, 긍정적이든 부정적이든, '완전한 하나의 존재로서 내가 이 일을 하려는 것이다'라는 관점을 가져 보세요. "완전한 하나의 존재인 내가 지금은 이걸 하고 싶어." "완전한 하나의 존재인 나는 이 순간에 이것을 하기로 선택했어."

부분, 부분이 모여서 자신을 만드는 게 아닙니다. 무언가를 하고 싶을 때, 마음 한 구석에 상상 속 작은 부분을 만들어 '이 부분이 나를 뒤에서 잡아당긴다'며 자기 자신을 방해하지 마세요. "내 안의 90퍼센트는 설레는 일을 하고 싶지만, 나머지 10퍼센트가 확신하지 못해서 망설여져."라고 말하지 마세요. 만일 당신에게 10퍼센트의 확신이 없다면, 그건 당신 전체가 확신하지 않은 것입니다. 그러면 그때 내리는 결단은, 자신의 존재 전체가 내린 결단이 됩니다. 그렇지 않으면 계속해서 '어디에 나머지 부분이 있을까?' 하고 스스로를 찾아 헤매야 할 것입니다.

여러분이 자신을 위해 만들어 놓았을지도 모를 부품들을 한 번에 모으는 가장 빠른 방법은, 여러분이 이미 통합된 존재인 것처럼 말하고 행동하는 것입니다. 모든 결정이 '존재 전체가 내린 결정'인 것처럼 말하고 행동하세요. 그러면 당신이 여전히 부정적인 생각을 하더라도, 통합된 존재 전체가 그 결정을 인정할 수 있게 됩니다.

어느 순간, 자신이 원하지 않는다고 느끼더라도, 그 순간의 자신을 부정하지 마세요. 과거의 결정도 자신의 전체로서 인정해 주세요. '인정한다'는 것은 매우 중요합니다. 당신의 모든 부분을 '이것이 전부 나 자신이다'라고 인정하기 전까지는 바꿀 수 없기 때문입니다. 당신의 일부분만 바꾸는 것은 불가능한 일입니다. 어떤 한 부분만 바꾸었다 해도, 그것은 반드시 전체에 영향을 미칩니다. 그래서 전체가 변하게 되는 것입니다. 일부만이 아닙니다.

그 연결은 어디에서 오는 걸까?

여기에 관해서는 예를 들어 설명해 보겠습니다. 머릿속으로 파란색 정육면체, 주사위 같은 것을 상상해 보세요. 파란색 면이 여섯 개 있습니다.

그중에 한 면만 빨간색으로 바꿔 보세요. 분리된 관점에서 보면,

같은 정육면체에서 그 한 면만 바뀌었다고 말합니다. 통합된 관점에서 보면, 여섯 면이 파란색인 정육면체와 다섯 면이 파란색이고 한 면만 붉은색이 된 정육면체는 전혀 다른 두 개의 정육면체로 보입니다. 어떤 변화가 일어나든 관점에 따라 그 정육면체에 대한 개념도 완전히 달라지는 것입니다.

이러한 관점을 통해 얻을 수 있는 것은 무엇일까요. 여러분은 면이 여러 개인 큼직한 다면체 크리스털입니다. 그 한 면이 바뀌었다고 합시다. 그러면 분리된 관점에서는 자신은 이 정도로 큰 존재인데, 여기 작은 부분이 변했을 뿐이며, 전부 바뀌려면 아직 갈 길이 멀다고 생각하게 됩니다. 하지만 한 면이 바뀌면서 자신이 완전히 새로운 다면체 크리스털이라고 볼 수 있다면 얼마나 빠르게 바뀐 건가요? 천 개의 파란 면을 가진 크리스털과 구백구십구 개의 파란 면과 한 개의 붉은 면을 가진 크리스털은 전혀 다른 것입니다.

이 두 개가 연결된 것처럼 느껴지는 이유는 여러분이 머릿속으로 '이 둘은 연결되어 있다'고 정의했기 때문입니다. 그렇게 자신이 부여한 연속성을 제외하면 지금 이 순간부터 이 두 개의 크리스털은 전혀 다른 것이 됩니다. 이게 무슨 뜻인지 잘 생각해 보세요. 어떤 순간에서도, 매 순간, 당신이 만든 작은 변화가 당신을 변화시킵니다. 과거의 어떤 것에도 얽매이지 않고 다음 순간부터 완전히 새로운 존재로서 완전히 새로운 행동을 해도 좋습니다.

이것은 하나의 철학적인 견해가 아닙니다. 그냥 되는 대로 하는 말도 아닙니다. 여러분은 의식으로 이루어져 있습니다. 어떤 변화든 변화할 때마다 여러분은 완전히 새로운 존재가 됩니다. 그 새로운 사람들과 오래된 사람들이 연결된 것처럼 느껴지는 이유는 오직 여러분의 머릿속에서 '이렇게 연결되어 있다'고 믿고 있기 때문입니다.

관념은 매 순간 재생된다

하지만 여기에 이해해야 할 중요한 점이 있습니다. 자신이 원치 않는 과거의 현실과 연결되어 있는 어떤 관념도 과거의 현실에서 온 것이 아닙니다. 매 순간 당신 안에서 새롭게 재생되기 때문입니다. '옛날부터 연결되어 있다'는 관념을 반복해서 만들어 냄으로써 마치 과거의 자신과 지금의 자신이 연속되어 있는 것처럼 보이게 합니다. 지금, 예전과 비슷한 관념을 간직하고 있다고 해서 예전의 자신이 지금의 자신으로 넘어온 것은 아닙니다. 오래된 관념과 비슷한 관념을 다시 만든 것뿐입니다.

그 관념을 믿는 단 하나의 이유는 여러분이 '이 물리적 현실에서 시간과 공간은 연속된 것이다'라고 배웠기 때문입니다. 물론, 그 시간과 공간의 관념을 앞으로도 계속해서 믿어도 괜찮습니다. 하지만 자신이 원치 않는 현실과 이어지는 관념까지 계속 믿을 필요는 없습니다. 여러분이 믿게 될 새로운 관념 중에, 다음과 같은 속성이 있다는 걸 아는 것이 매우 중요합니다. '오래된 관념은 넘겨받은 게 아니라 매 순간 자신이 만들어 낸다.' 이 말을 잘 이해해야 합니다.

이 말을 완전히 이해하면 시간과 공간의 연속성에서 자신을 해방시킬 수 있습니다. 그리고 자신의 모든 힘을 '지금'으로 가져올 수 있습니다. 어느 쪽이든 여러분은 '지금' 존재합니다. 왜냐하면 '지금' 이 순간이 영원히 있을 뿐이기 때문입니다. 지금, '지금' 이 순간도 영원히 다른 '지금'입니다. 앞서 말한 '지금'과는 이미 다른 '지금'입니다. 언제나 '지금'밖에 없습니다.

꼭 철학 이론처럼 들릴 수도 있지만 매우 심오하고 영향력 있는 사고입니다. 이러한 개념을 완전히 이해하면 자신의 미래는 현재로부터 만들어진다는 것도 이해할 수 있습니다. 그뿐만 아니라 자신의 과거도 현재에서 만들어 낸다는 것을 알 수 있습니다. 겉보기에 과거와 연결되어 있는 것처럼 보이는 현상도 당신이 만든 것입니다. 따라서 현재에 바꾸고 싶은 것을 바꾸면, 당신의 과거도 동시에 변하게 됩니다.

시간의 연속성을 바꾸는 방법

하지만 이런 말을 할지도 모르겠군요. "그런데 나는 변했어도 주변 사람들은 내 과거를 기억하고 있어. 어떻게 하면 좋을까?" 비밀을 말해 드리죠. 그들은 당신의 존재를 기억하지 못합니다.
(청중, 웃는다.)
방금 말은 농담입니다. 하지만 현실에서는 다음과 같은 일이 일어납니다. 그들은 당신의 과거를 기억하지 못할 것입니다. 그들이 당신의 새로운 현실에 여전히 존재한다면, 그들은 당신의 새로운 과거를 기억할 것입니다. 그리고 당신도 당신의 새로운 과거를 기억할 뿐입니다. 물론 여러분이 부모님의 얼굴을 잊거나 부모님이 여러분을 잊는 것은 아닙니다. 하지만 그것이 당신에게 도움이 된다면 그렇게 못할 것도 없습니다.

단, 우리가 하려는 말은 여러분이 정말로 바꾸고 싶은 특별한 관념이 있을 때 이러한 이해와 지식을 활용할 수 있다는 말입니다. 예를 들어, 당신이 아주 우아하게 춤을 추는 무용수가 되고 싶다고 가정해 봅시다. 하지만 과거의 자신을 떠올리면 항상 자기 발에 걸려 넘어질 뻔했던, 그런 일화밖에 생각나지 않는다고 합시다. 그리고 주변 사람들이 했던 말을 떠올립니다. "그 사람은 몸치라서 절대 무용수가 될 수 없어."

지금부터 말하는 것은 허황된 말처럼 들릴지도 모르지만 실제로 가능한 일입니다. 그리고 실제로 그 결과를 볼 수 있습니다. 이렇게 말입니다. '나는 몸치였다'라는 관념, 선입견을 '나는 아주 우아하게 춤을 출 수 있다'는 관념으로 바꿉니다. 그러면 주변 사람들은 당신이 몸치였던 사실을 까맣게 잊어버립니다. 그리고 당신이 얼마나 훌륭하게 춤출 수 있는지 기억할 것입니다. 이것이 시간의 연속성을 바꾸는 한 가지 방법입니다.

아직 시간의 연속성 안에 있다면 주위 사람들은 이렇게 말할지도 모릅니다. "당신 예전에는 몸치였는데, 뭘 했는지는 모르겠지만 지금은 멋지네요." 이렇게 시간의 연속성 안에서 어떤 일을 일으켰을 때, 대체로 마지막에 이런 말을 덧붙입니다. "어떻게 된 건지는 모르겠지만, 완전히 다른 사람처럼 보여요."

첫 번째는 완전히 다른 사람이 된 것을 처음부터 모두가 느끼는 방법입니다. 그들은 오직 우아하게 춤추는 모습만을 기억합니다. 두 번째는 몸치였던 것은 기억하지만 시간의 흐름 속에서 '달라졌구나'라고 인정받는 방법입니다. 세 번째도 있습니다. 당신의 과거와 현재에도 여전히 몸치로 보려는 사람들이 어찌 된 영문인지 당신 주변에서 사라지는 것입니다. 당신이 이제 만들지 않는 현실을 강화하는 사람들은 당신 주위에 다가오지 않습니다. 당신도 그들을 잊습니다. 그리고 새로워진 당신은 완전히 새로운 기억을 갖게 됩니다.

이것은 문자 그대로 그렇게 된다는 이야기입니다. 새로운 기억만 간직한 사람이 될 수 있습니다. 실제로 이 일을 매우 강력하게 해내는 사람이 있습니다. 그렇게 되면 모르는 사람이 다가와 이렇게 말할 수도 있습니다. "당신, 전에 내 춤 수업을 듣지 않았나요? 근사한 춤을 추지 않았었나요?" 완전히 새로운 과거가 만들어진 것입니다.

만약 필요하다면 이렇게 강력한 결과를 얻을 수도 있습니다. 하지만 대부분의 경우, 자신이 원하는 현실을 만들기 위해 이렇게까지 할 필요는 없습니다. 단지 그런 일이 실제로 일어날 수 있다는 점을 말하는 것뿐입니다. 그러니 여러분이 무언가를 시작하고, 지금과 같은 일이 일어나기 시작했다면, 내 머리가 이상해진 건 아닐까, 아니면 세상이 이상해진 건 아닐까 하는 걱정은 하지 않아도 됩니다.

바샤르의 키워드

웃음 laugh

바샤르의 세계에서는 더 이상 말로 소통하지 않는다. 의식에 떠오른 것이 그대로 전달되기 때문에 말도, 글도, 몸짓도 하지 않는다. 그런데도 바샤르는 "우리는 생명의 기쁨이나 여러 이유로 단순히 웃을 수 있지만, 여러분의 말장난 같은 아이디어를 즐긴다"고 말하며 세션 중 자주 농담을 섞어 청중을 웃게 만든다.

그리고 우리에게도 웃음을 권한다. 웃음은 에너지를 발산시키고, 억눌림을 풀어 주며, 몸의 긴장을 완화해 다시 자신의 중심으로 돌아오게 해 주기 때문이다. 이 책에서도 웃음을 자신감을 주고 치유력을 가지는 요소로 가장 먼저 꼽았다. 또한 오버소울의 시점을 체험할 수 있는 이미지워크, 즉 아프고 두려워 아무것도 할 수 없을 때 효과적인 명상을 할 때조차 바샤르는 "웃음이 나왔던 순간을 떠올리고 실제로 웃어 보세요."라고 조언한다.

'깨달음'의 영어 표현은 enlightenment로, 이는 '밝아짐', '가벼워짐'이라는 뜻도 가지고 있다. 그래서 바샤르는 "웃음이 모든 것을 밝게 한다. 따라서 깨달음을 경험하고 싶다면 자신부터 밝아지고 가벼워져야 한다. 웃는 것이 진동수를 높여 주기 때문이다."라며 웃음을 강조한다.

또 바샤르는 인간을 보고 자주 웃는다. 인간이 겪는 갈등이 환상이라는 것을 알고 있어서, 그 자체가 조금 우습기 때문이라고 한다. 바샤르처럼 "아, 이건 환상이었구나."라고 스스로를 보고 웃을 수 있다면, 우리는 더 쉽게 중심으로 돌아올 수 있다.

"늘 웃으세요. 다양한 방법으로 웃어 보세요. 몸의 긴장을 풀고 편안해지는 데 가장 도움이 되는 것은 웃는 것입니다. 중심을 되찾고 굳어진 몸을 풀기 위해서도 가장 좋은 것이 웃음입니다."

모두가 이미 힘을 가지고 있다

그러면 다시 한번, 곧 나올 아주 중요한 내용을 기억해 주세요. 우선, 자신은 하나의 완전한 존재이며 '하나'라는 것. 하나의 사건이라는 것. 무엇을 하든 언제나 자신은 100퍼센트라는 것. 매 순간, 자신이 원하는 현실 속, 그 순간에 존재하고 있다는 것. 이것이 '하나'라는 뜻입니다.

그리고 다음에 오는 말이, 어쩌면 지금까지 중 가장 중요한 내용일지도 모릅니다. 하나의 완전한 자신이 되는 것. 그리고 자신이 가장 하고 싶은 일을 통일성 있게 하는 것. 두려워하지 말고, 불안해하지도 말고. 우리 각자는 누구에게도 해를 끼치지 않으면서, 자신이 원하는 현실을 만들어 낼 수 있는 힘을 이미 지니고 있습니다.

명심하세요. 그것이 '1-3-5-7'의 첫 번째 방법입니다. 이제 크게 한 번 심호흡을 하고, 지금 한 말을 당신이라는 존재 전체에 깊이 새기세요. 그리고 새로운 현실을 향해 숨을 내뱉습니다. 자신이 조금 전에 얻은 정보를 완전히 흡수했다고 믿으세요.

3. 설렘과 비전, 꿈의 파워

그러면 '3'의 단계로 넘어갑시다. '3'은 '1-3-5-7' 실현 법칙 중에서도 매우 강력한 단계입니다. 인생에서 자신이 원하는 현실을 만들어내는 직접적인 접근법이지요. 바로 '보고, 느끼고, 이루는' 것입니다.

다음과 같은 원리를 이해해 주세요. 여러분은 시각적인 존재입니다. 뭔가 설레는 것이 있을 때, 대개 꿈속이나 멍한 상태에서 상상하며 봅니다. 이러한 능력을 자신에게 도움이 되는 방식으로 활용하세요. 이 능력은 순간순간의 설렘에도 활용할 수 있고, 더 큰 가슴 설레는 프로젝트를 실행할 때도 쓸 수 있습니다.

이를 단기 프로젝트와 장기 프로젝트로 나누어 생각해 봅시다. 단기 프로젝트는 바로 그 순간, 자신이 하고 싶은 일을 실제로 해 보는 것입니다. 예를 들어 지금 어디론가 가고 싶다면 실제로 그곳에 가는 것, 그것이 단기 프로젝트입니다. 어딘가에 가거나 무언가를 했다면, 단기 프로젝트를 완결한 것이 됩니다.

3-1. 본다

'3'의 1단계는 먼저 그것을 '보는 것'입니다.

예를 들어, 지금 하고 있는 일보다 더 흥미로운 프로젝트나 일, 아이디어가 있다고 합시다. 첫 번째 단계는 여러분의 상상력을 최대한 활용하여 최대한 선명하고 또렷하게 보는 것입니다. 총천연색으로 보는 거죠. 백일몽 속에서 시간을 가지고 자잘한 부분까지 빠짐없이 보세요.

그럼 오늘의 이야기에서 활용할 수 있는 예를 들어 보겠습니다. 여러분은 다국적 기업의 사장이 될 때를 상상하면 가슴이 설렌다고 합시다. 이때 첫 번째 단계는 자신이 이미 그렇게 된 모습을 보는 것입니다. 그렇게 어려운 일은 아니죠? 자신이 이미 사장이 된 모습을 상상하는 건 그리 어렵지 않을 것입니다.

어떻게 그 자리까지 올라왔는지는 자세히 보지 않아도 됩니다. 가장 중요한 것은 자신이 이미 사장이 되었다는 사실입니다. 이미 그 사람이 되었을 때 자신은 어떤 생활을 하고 있는지, 어떤 행동을 하고 있는지, 그 사람이 된 모습을 그려 봅니다.

대기업의 사장이 됐을 때, 당신은 큰 사무실에 있습니다. 근사한 방에 근사한 책상이 있고, 근사한 전망을 볼 수 있는 곳에 앉아 있겠지요.

이때, 물질은 전부 파동이라는 사실을 떠올려 보세요. 그리고 상상 속에서 대기업 사장의 주파수, 파동에 어울리는 물질이 있는지 살펴보세요.

자신이 그런 수준의 사람이 되었을 때, 그 수준을 잘 보여 주는 물건을 주변에 두고 있다고 상상해 봅니다.

사무실이 꼭 현대적이고 큰 방일 필요는 없습니다. 여러분의 취향에 맞게 아담하고 나무 재질의 조화로운 사무실이어도 상관없습니다. 이루어졌을 때의 파동을 느끼게 해 주는 것이면 됩니다. 즉, 1단계는 '최대한 선명하게 보는 것'입니다.

3-2. 느낀다

이번에는 그 백일몽, 상상 속에서 감정과 감각을 확실히 파악하고 기억해 보세요.

자신이 정말로 그 사람이 되었을 때, 그 상상 속에 있을 때 어떤 기분이 들까요? 어떤 느낌일지 느껴 보는 겁니다.

아마도 가슴이 설레겠죠? 매우 설렐 겁니다. 그 멋진 모습을 상상하면서 무서워서 벌벌 떨지는 않을 거예요. 물론 어딘가에서 '그 사람처럼 되는 게 무섭다'고 생각하지 않는다면 말이죠.

다만 만약 무섭다고 느낀다면, 거기엔 분명히 배울 점이 있습니다. 그런 상상 속 이미지를 보고 부정적인 느낌이 든다면, 그건 바꿔야 할 관념이 있다는 뜻이니까요.

하지만 지금 여기서는, 이미 그렇게 완성된 상상 속 이미지를 보고 그 감각을 느꼈을 때 아주 설레고 행복하다고 해 봅시다.

얼마나 자유롭고 기쁜지, 그 기분을 잠시 느껴 보세요.

그리고 설레는 감정과 함께 오감도 활용해 봅니다.

상상 속에서 주변 물건을 만졌을 때 어떤 느낌이 드나요? 방 안에서는 어떤 소리가 들리나요? 어떤 냄새가 나나요? 오감을 모두 써서 장면을 입체적으로 느껴 보는 겁니다.

대기업 사장이 된 자신의 눈앞에 좋은 책상이 있다고 상상해 봅시다. 그 책상은 차가운가요, 따뜻한가요? 표면은 매끈한가요, 거칠거칠한가요? 책상 위에 자신의 이름이 적힌 종이가 있다면, 그 종이는 어떤 질감이고 무슨 색인가요? 사무실 안에서는 식물 냄새가 나요, 아니면 물이 흐르는 소리가 들리나요? 혹은 공장 기계음 같은 소리가 들릴 수도 있겠죠.

몸속의 액체가 온몸을 돈다고 상상하면서 자신이 느끼는 모든 감각을 동원해 상상의 세계 안에 들어가 보세요.

3-3. 이룬다

그러면 이 '3'의 과정 중에서 가장 중요한 부분에 들어가겠습니다. 여러분은 이미 보고, 느꼈습니다. 이번에는 '이룬다'입니다. 자기 몸을 써서 행동으로 옮기는 겁니다.

오늘은 마침 무대 위에서 교류하고 있네요(이날의 세션은 일본 전통 노 무대 위에서 열렸다). 마찬가지로 상상 속에서 이미지를 보고 느꼈다면, 이번에는 그 이미지를 행동으로 옮길 수 있는 무대를 어떤 식으로든 만드는 것입니다.

그렇다고 해서 상상 속 이미지를 그대로 재현할 필요는 없습니다. 다만 최대한 그 이미지에 가까운 것, 자신이 할 수 있는 것 중에서 가장 근접한 무언가를 현실에서 만들어 보세요.

예를 들어 친구 중에 이미 대기업 사장이 있다면, 잠시 사무실을 빌려서 자리에 앉아 직접 감촉을 확인해 보는 것도 좋은 방법입니다.

이 단계가 왜 중요하냐 하면, 여러분은 육체 감각에 크게 의존하는 존재이기 때문입니다. 그 환경 속에 실제로 몸을 둠으로써, 그러한 상황이 되었을 때 어떤 감각이 드는지를 육체 의식이 기억할 수 있습니다.

그래서 빌릴 수 있는 물건이 있다면 빌리고, 돈을 내야 한다면 내고 빌리세요. 단, 도둑질은 안 됩니다.

(청중, 웃는다.)

교환할 수 있는 건 교환해서 구하세요. 자신이 가장 설레는 것을 상징하는 장소나 물건을 가능한 한 비슷하게 만들고 찾아서, 그 안에 자신을 두세요. 본인 집에서 상상을 구현한다고 가정해 보세요. 필요하면 가구를 다시 배치하고, 대기업 사장실에서 보이는 풍경을 그림으로 그려 벽에 걸 수도 있습니다. 만약 가진 것이 큰 상자밖에 없다면 상상 속 책상과 가장 비슷한 크기를 골라서 활용해 보세요. 종이상자 위에 무언가를 얹어 비슷한 분위기를 만들어도 좋습니다.

중요한 것은 그 공간과 당신의 관계, 그리고 그 안에 있을 때의 태도와 자세입니다. 꿈속에서 보고 느낀 이미지와 최대한 가까운 환경을 만들어 무대에서 잠시 시간을 보내세요. 그 감각 속에 자신을 길들이세요. 그러면 육체의 의식 안에 상상 속 이미지가 이미 여기에 있다는 감각이 생기고, 현실이 이미 만들어져 있는 것처럼 행동할 수 있게 됩니다. 물리적인 움직임을 통해 기억시키면 파동이 바뀌고, 일상에서 그런 파동을 자연스럽게 내보낼 수 있게 됩니다. 그러면 사장처럼 말하고, 걷고, 행동하게 되며, 주변 사람들도 그런 당신을 보고 '저 사람은 분명 사장이야'라고 느끼게 됩니다. 사람들은 당신에게 대기업 사장에게 할 법한 말을 건넬 것이고, 당신은 "예, 감사합니다. 생각해 보겠습니다."라고 대답합니다. 제안, 기회, 상황은 모두 당신이 가장 설레어하는 파동에 끌려옵니다. 겉으로는 연결되지 않아 보여도 괜찮습니다. 설레는 감정이 최초의 이미지, 비전으로 이어지게 합니다. 그러니 다양한 사람들이 전하는 말 사이에서 얼마나 설레는지를 잘 느껴 보세요. 설렘이 클수록 그 비전은 가까워지고 있습니다.

다시 강조합니다. 연결되지 않아 보여도 괜찮습니다. 이치에 맞지 않아도 괜찮습니다. 그 자리까지 어떻게 올라가는지를 자세히 볼 필요는 없습니다. 앞으로는 자신에게 주어지는 기회가 어떤 모습이든, 그중에서 가장 설레는 일을 선택해 행동으로 옮기면 됩니다. 정리해 봅시다. '이룬다', 즉 '행동'에는 두 단계가 있습니다. 첫 번째는 상상 속 시나리오에 어울리는 물리적 상황을 주위에 만들고 그 안에 몸을 두는 것. 두 번째는 자신에게 오는 다양한 기회를

'설렘'을 기준으로 행동하는 것입니다.

자신의 꿈을 어떤 형태로든 실제 행동으로 옮기는 것은 매우 중요합니다. 만약 당신이 가장 설레는 일을 이미 누군가가 하고 있다면, 그 사람을 찾아가 함께 시간을 보내고 파동을 느껴 보세요. 똑같이 할 필요는 없지만, 그들의 행동을 잘 보고, 자신만의 고유한 개성으로 그 모습을 만들어 보세요. 이미 그런 현실을 사는 사람을 따라 함으로써 자신이 얼마나 빠르게 변할 수 있는지를 체감할 수 있을 겁니다.

마지막으로 우주의 단 하나의 법칙을 기억하세요. 당신이 주는 것이, 당신이 받는 것입니다. 아주 쉽고, 빠르며, 강력한 방법입니다.

5, 모든 걸 갖추면 실패할 위험이 없다

지금까지 '1'과 '3'에 대해 설명했습니다.

1은 100퍼센트 진정한 자신으로 사는 것, 자신은 하나라는 것. 3은 보고, 느끼고, 이루는 것이었습니다. 이 두 가지만 알아도 여러분은 인생에서 만들고 싶은 것을 거의 만들 수 있습니다.

'1-3-5-7' 법칙의 세 번째 단계, '5'는 지금까지 설명한 과정을 조금 더 세밀하게 나눈 것입니다. 특히 여러분이 가장 가슴 설레는 프로젝트나 일에 적용할 수 있습니다. 각 단계는 비전, 타이밍, 지식, 자원, 그리고 가장 중요한 헌신입니다.

5-1. 비전

먼저 '비전'입니다. '5'의 첫 번째 단계인 비전에는 앞에서 말한 '보고, 느끼고, 이룬다'가 모두 포함되어 있습니다.

여러분이 꿈꾸는 비전, 바로 그 꿈의 힘 자체입니다. 어떤 아이디어를 현실로 만들 때 이 비전이 가장 중요합니다. 그리고 무엇보다도 그것은 여러분의 가슴을 설레게 해야 합니다. 걷고, 말하고, 숨 쉬고, 먹고, 자는 모든 순간, 온몸으로 '이게 바로 그거야'라는 확신이 드는 것입니다.

5-2. 타이밍

두 번째는 '타이밍'입니다. 자신이 하고 싶은 일을 시작할 타이밍을 보는 것입니다.

주위를 둘러보고 사회와 자신, 그리고 자신과 하나가 되어 있는지 느껴 보세요. 사회에서 일어나고 있는 일과 자신이 조화를 이루고 있는지도 살펴보세요.

자신이 하고 싶은 일을 이루는 데 시간이 오래 걸리는 것처럼 보일지도 모릅니다. 하지만 당신이 할 수 있는 모든 일을 하고 있다면, 그것은 장애가 있거나 지연되고 있는 것이 아닙니다.

그 일은 완벽한 타이밍에 일어나게 되어 있습니다. 그러니 이루어진다고 믿으세요.

5-3, 지식

세 번째는 '지식'입니다. 자신이 가장 설레는 것을 실현하기 위해 필요한 지식입니다.

때로는 타이밍이, 자신이 되고 싶은 사람이 되기 위해 필요한 지식과, 그 사람이 되었을 때 이미 알고 있을 지식을 얻을 기회를 가져다줍니다. 그런 지식과 기술을 배우세요.

5-4, 자원

네 번째는 '자원'입니다. 자신의 비전이 실현되도록 도와줄 만한 사람 혹은 물건, 그런 자원이 될 만한 사람이 있느냐, 물건이 있느냐 하는 것입니다.

"우리는 항상 우리 자신의 현실을 만든다."라고 우리는 말합니다. 하지만 자신이 원하는 현실은 스스로 만들 수밖에 없다는 생각은 잘못된 것입니다. 주변에서 도움을 받을 수 있습니다. 당신에게 끌어당겨진 사람들이 당신을 도울 때, 그들이 도울 수 있게 한 사람은 바로 당신입니다. 왜냐하면 그들을 끌어들인 것은 당신이기 때문입니다.

그리고 그들의 도움을 받고, 그들이 당신의 프로젝트나 꿈의 일부가 되는 것을 허용함으로써 당신뿐만 아니라 그들도 타이밍과 지식, 자원을 얻고 자신의 비전, 꿈을 실현하게 되는 것입니다. 그러므로 필요하다고 느끼면 두려워 말고 관계를 맺으세요. 모든 사람은 평등합니다. 누군가와 이야기하는 걸 두려워할 필요는 없습니다.

만약 여러분과 파동이 다른 사람이라면, 단지 그 사람이 당신과 맞지 않는다는 뜻일 뿐입니다. 하지만 파동이 같다면 도움을 받으세요. 당신도 동시에 그들을 돕게 될 것입니다.

비전, 타이밍, 지식, 자원, 이것으로 네 가지를 말했습니다.

5-5. 헌신

그리고 다섯 번째, 마지막은 '헌신^{commitment}'입니다. '헌신'이라는 말을 들으면 여러분은 노력을 해야 한다고 생각합니다. '헌신하려면 시간이 오래 걸리니까 체력도 있어야 하고 참을성도 있어야 하는데, 정말 힘들겠다'고 느낄지도 모릅니다. 하지만 우리가 말하는 '헌신'은 그런 의미가 아닙니다.

잘 생각해 보세요. 이것은 여러분의 꿈이며, 여러분의 비전입니다. 만약 이것이 정말로 자신이 가장 설레는 일, 자신의 꿈이라면, 굳이 노력이라고 느낄 필요 없이 하게 될 것입니다. 우리가 말하는 '헌신'이란 그런 의미입니다. 헌신이란 때때로 '역시 이 일은 내가 가장 설레는 일이다'라고 확인하는 작업을 말합니다. 그뿐입니다.

그리고 만약 그렇다면, 우리는 별다른 노력 없이도 쉽게 계속할 수 있습니다.

다시 말해서, 헌신이란 자신이 가장 하고 싶은 일의 파동이 진정한 나와 지금도 일치하는지를 정직하게 확인하는 작업입니다. 만약 일치한다면 아무리 시간이 걸리더라도 기꺼이 해낼 수 있습니다. 왜냐하면 그것이 당신이 하고 싶은 일이기 때문입니다.

이 다섯 가지, '비전, 타이밍, 지식, 자원, 헌신'을 갖추게 되면 여러분의 프로젝트는 반드시 성공할 것입니다. 이 다섯 개의 요소가 모두 갖춰지면 상상을 현실로 이뤄내는 것을 방해할 요소가 개입하지 않습니다. 따라서 현대 비즈니스 세계에서 믿는 것과는 달리 실패할 위험이 없습니다.

이것으로 '1-3-5'까지 설명했습니다. 여러분은 이제 꿈을 실현하는 아주 강력한 방법을 얻게 되었습니다.

바샤르의 키워드

중립, 뉴트럴 neutral

'당신이 주는 것이 당신이 받는 것이다', '당신이 경험하는 현실은 당신이 만드는 것이다', '버릇은 일단 깨닫고 나면 더 이상 버릇이 아니다', '자신에게 관념이 있다는 것을 깨닫는 순간 관념은 그 힘을 잃는다', '관념은 속임수를 쓴다', '풍족함은 자신이 하고 싶은 것을 하고 싶을 때 할 수 있는 능력을 말한다', '두려움이란 본래의 나와 어긋난 관념이 있다는 걸 알려주는 메신저다' 등, 바샤르가 제시한 새로운 견해와 통찰은 헤아릴 수 없이 많다.

그중에서도 '당신이 주는 것이 당신이 받는 것$^{\text{What you put out is what you get back}}$'이라는 말은 바샤르가 반복해서 강조하는 우주의 법칙이다. 그는 모든 상황은 중립적이며, 그 자체로는 본질적으로 아무 의미도 없다고 말한다. 다시 말해, 우리가 일희일비하는 수많은 사건과 상황은 애초에 의미가 없으며, 의미를 부여하는 것은 오로지 우리 자신이라는 것이다.

이 말에 많은 사람들이 충격을 받았고, 세상을 바라보는 관점이 달라졌을 것이다. 인생은 완전히 중립적이다. 어떤 상황, 어떤 사건이 일어난다고 해서 거기에 자동으로 의미가 부여되는 것은 아니다. 모든 것은 의미 없는 텅 빈 그릇이며, 개인의 성향^{personality}과 관념이 그 빈 그릇을 채운다.

의미를 부여하는 것은 자신이며, 그 자신이 부여한 의미를 통해 현실을 경험한다. 결국 자신의 인생에 힘을 발휘할 수 있는 것은 자기 자신뿐이라는 뜻이다. 이것은 매우 고무적인 개념이며, 바샤르의 핵심 키워드 중 하나라고 할 수 있다. 설령 '끔찍한 현실'이나 원치 않는 상황이 벌어졌다고 느낀다 해도, 그것이 열등하다는 뜻은 아니다. 두려움과 마찬가지로 그저 새로운 인식을 통해 대체할 수 있는 관념이 있다는 신호일 뿐이다. 또한 그 상황 안에도 긍정적인 의미가 숨겨져 있으며, 계속 긍정적인 에너지를 쏟으면 반드시 긍정적인 결과를 얻을 수 있다고 바샤르는 강조한다.

모든 것은 중립적이다. 우리는 그 중립 위에 자신이 부여한 의미를 통해 현실을 살아간다. 결국 모든 것은 자신의 선택에 달려 있다는 것이다.

7. 균형을 되찾는 7개의 어퍼메이션

'1-3-5-7'의 네 번째이자 마지막 파트인 '7'은 균형을 되찾고 자신을 다시 하나로 모으는 방법입니다. '1-3-5' 단계를 밟다가 어딘가에서 길을 잘못 들었다고 느끼거나 균형이 무너졌다고 느낄 때, 이 '7'번을 꺼내세요. '7'번은 자신을 균형 잡힌 상태로 되돌리는 작업이며, 자신에게 필요한 정보를 끌어당길 수 있게 도와줍니다.

이 '7'을 추가하면 '1-3-5-7' 시스템에 문제가 생겼을 때 스스로 되돌아올 수 있는 셀프 얼라이닝 시스템^{self aligning system}이 완성됩니다.[1] 즉, 균형이 깨졌거나 '1-3-5' 단계 중 어딘가에서 길을 잘못 들었다고 느낄 때도 아주 쉽고 간단하게 되돌릴 수 있는 방법입니다.

7-1. 몸을 편안히 한다

우선, 몸에서 힘을 빼고 편안히 합니다.

그저 몸에서 힘을 빼고 편안히 하세요.

잠시 멈춰 서서 심호흡을 하고 몸을 편안히 하세요.

---

[1] align. 하나로 모은다

7-2. 내려놓는다

이번에는 심호흡을 계속하면서 오래된 생각을 내려놓습니다. '1-3-5' 단계를 밟으며 나아가기 시작한 길, 이렇게 되고 싶다고 생각한 길에서 벗어나도록 당신을 이끄는 것이 있습니다. 그런 당신을 끌어당기는 것에 대한 집착을 버립니다.

7-3. 안쪽으로 시선을 돌린다

시선을 다시 안쪽으로 돌립니다.
자신의 중심에 시선을 둡니다.

7-4. 떠올린다

'1-3-5' 단계를 밟으며 했던 일을 떠올립니다.
방금 했던 말이죠.
그리고 자신이 어떤 존재인지를 떠올립니다.

7-5. 반응을 본다

떠올린 다음에는 그에 대한 자신의 반응을 봅니다.
'1-3-5' 과정을 떠올리면서 어떻게 느꼈는지 자신의 반응을 살펴봅니다.

7-6, 균형을 되찾는다

다시 균형을 잡고 되돌립니다.

'1-3-5' 과정을 떠올리고 그 반응을 느끼고 나면 균형을 되찾고 자신의 꿈과 가슴 설레는 목표에 다시 집중할 수 있습니다.

균형 잡힌 맑은 에너지의 기운을 받으며 가던 방향으로 계속 나아갑니다.

7-7, 기뻐하고 감사한다

마지막은 가장 중요한 부분입니다. 다시 기쁨을 느낍니다. '나'라는 존재를 축복하고, '우주'가 자신을 창조해 준 것에 감사해합니다.

이상이 '7'단계입니다. 우선 몸에 힘을 빼고 불필요한 생각을 내려놓은 뒤, 자기 안으로 들어가서 지나간 과정을 떠올리세요. 그 떠올린 것에 대한 반응을 본 다음, 다시 균형을 잡고, 기쁨을 느낄 수 있으면 그것만으로 충분합니다. 그렇게 할 수 있다면, '1-3-5' 단계를 다시 명확하게 밟을 수 있습니다.

이 '7'단계를 어퍼메이션^{affirmation}, 자신에 대한 긍정적 선언이라고 합니다. '1-3-5'단계에서 길을 잘못 들어섰다는 걸 깨달았을 때, 또는 뭐가 뭔지 잘 모르게 되었을 때, 이 7단계 어퍼메이션을 활용하면 '1-3-5' 단계로 돌아갈 수 있습니다. 균형을 되찾으면 필요한 정보를 다시 끌어당길 수 있습니다.

남은 일은 감수성을 기르는 것뿐

이로써 여러분이 원하는 어떤 변화도 실현할 수 있는 방법을 알려 줬습니다. 이 간단한 과정에 모든 것이 포함되어 있습니다. 그러면 이제 인생의 여러 방향에서 오는 기회를 놓치지 않고 낚아채거나, 그 기회를 '아, 이게 기회구나' 하고 알아챌 수 있을 정도로 감수성을 키워야 합니다.

지금 여러분 손에는, 여러분이 원하고 선택하는 것은 무엇이든 실현할 수 있는 도구가 있습니다. 우리는 그렇게 될 것이라고 100퍼센트 보장합니다. 여러분이 손에 쥔 칼은 매우 날카로워서 자르고 싶은 것을 정확하게 자를 수 있고, 모든 환상과 그림자를 끊어낼 수 있습니다. 정말로 소중한 것, 본질만이 이 칼날을 멈출 수 있습니다.

그 칼날이 멈추려면 당신이라는 존재가 코어^{core}, 중심, 핵이 되어야 합니다. 코어란, 자신이 가장 설레는 것, 가장 활력 있고 생생하게 느껴지는 에센스와 같은 부분, 자신이 영원하고 무한한 존재임을 아는 감각을 말합니다. 그러면 당신의 코어를 제외한 모든 것이 사라집니다. 내면의 빛에 스위치가 켜지면 모든 그림자가 사라집니다.

자, 이제 심호흡을 세 번 해 봅시다. 우주에 감사하세요. 두려워하지 말고 도움을 요청하세요. 그리고 가장 하고 싶은 일을 하기 위해 필요한 것은 전부 있다고 믿으세요.

여러분은 이제 영적으로 충만합니다.

바샤르의 키워드

선택 choose

인생은 선택의 연속이다. 바샤르는 "인간은 걷기 위해 왼발을 한 발 앞으로 내밀 때조차 선택하고 관여한다."라고 말한다. 의식하든 하지 않든, 모든 것은 선택으로 이루어진다는 것이다. "인생은 전부 선택입니다. 때로는 그렇게 생각하지 않을 수도 있지만, 선택입니다."

'모든 것이 선택으로 이루어져 있다'는 이 개념은 많은 사람들에게 새로운 인식이 되었을 것이다. 예컨대 이 책에서 "(나는) 쉽게 상처받는다"고 말하는 질문자에게 바샤르는 "'나는 쉽게 상처받는다'고 믿기로 선택한 것뿐입니다. 그런 관념을 선택한 것이죠."라고 답한다. 이처럼 어떤 생각이나 믿음, 심지어 감정조차도 자신이 선택한 것이라는 인식을 강조한다.

우리는 흔히 '그 사람이 그런 말을 해서 내가 이렇게 느꼈다', '이런 상황이 벌어져서 내가 이런 생각을 하게 되었다'는 식으로 현실을 받아들이지만, 바샤르는 다르게 말한다. "상황이 어떻게 보이느냐가 아니라, 그 상황 속에서 나는 무엇을 느끼기로 선택하는지가 중요합니다."

인생이란 외부로부터 '닥쳐오는 것'이 아니라 자신의 선택에 따라 구성된 것이며, "아무것도 모르는 사이에 이런 일이 일어났다"는 일은 사실상 불가능하다. 스스로 그러한 선택을 하지 않았다면 현실은 변하지 않는다는 것이다.

또한 그는 문답에서 중요한 관점을 제시한다. 무엇을 선택하든 그 선택을 하는 주체는 '자신'이며, 결국 중요한 것은 '자신을 선택하는 것'이다. 인생이 선택의 연속임을 자각할 때, 우리는 더 이상 외부 상황에 휘둘리지 않고 자신의 힘을 되찾게 된다.

"즐거운 선택을 하세요. 당신이 원하는 선택을 하세요." 선택의 핵심은 이렇다. "우리가 무언가를 할 때는 기쁨을 바탕으로 선택해야 합니다. '이걸 하지 않으면 끔찍한 일이 일어날지도 모른다'는 두려움을 바탕으로 선택해서는 안 됩니다."

이미지워크
목표에 집중한다

그러면 편히 앉으세요.
심호흡을 하고…….
그리고 즐거운 명상을 하기 위해 눈을 감으세요.
한 번 더 심호흡을 합니다. 숨을 들이마시고……, 내쉽니다. 그러면 여러분의 번뜩이는 상상력을 발휘하여 다음과 같은 상상을 해봅시다.

【 도시 속을 걷는다 】

당신은 지금 거리를 걷고 있습니다.

다양한 건물과 간판, 표지판이 보입니다.

많은 사람들이 걷는 모습을 볼 수 있습니다.

그 사이를 걷노라니 전에는 보지 못한 설레는 이미지가 떠오릅니다.

비전이 보입니다.

당신은 그 이미지, 혹은 비전을 머릿속으로 보면서 마치 백일몽이라도 꾸는 듯한 느낌으로 거리를 계속 걸어갑니다.

그러자 많은 건물과 집, 사람, 표지판 등등 눈에 보이는 것이 점점 흐릿해집니다.

그림이 선명해 보이지 않고 뭔가 겹쳐진 것처럼 흐릿하여 잘 보이지 않습니다.

단 한 가지, 당신은 아주 재미있는 사실을 알아차립니다.

가끔, 아주 가끔이지만 그 배경의 흐릿함 속에서 어떤 사람이나 빌딩이 번개처럼 또렷하게 보일 때가 있습니다.

아니면 그 일부가 눈에 확 들어옵니다.

거기서 당신은 깨닫게 됩니다.

이 배경은 자신의 홀로그래피적 의식의 일부에 지나지 않는다는 사실을…….

홀로그래피적이란 말은 자신이 체험할 수 있는 모든 것, 가능성이 거기에 포함되어 있다는 뜻입니다.

그런 모든 가능성이 흐릿하게 보이는 가운데, 자신의 눈에 들어오는 선명한 이미지, 그것이 그 순간의 당신의 파동과 공명하는 현실입니다.

지금 그 흐릿한 배경 속에서 자신에게 필요한 것만 눈에 들어옵니다.

또렷하게 보입니다.

보기 편해졌습니다.

여기서 재차 말하자면 자신의 목표, 골을 명확하게 상상하는 것이 중요합니다.

자신을 목표에 다가가지 못하게 하는, 목표와는 아무 관계도 없는 사소하고 하찮은 일에 눈을 돌리지 말아야 합니다.

지금 세심히 봐야 하는 부분은 목표와 연결시켜 주는 부분입니다. 그 이외의 자잘한 일에는 주목할 필요가 전혀 없습니다.

만약 당신이 '내 목표와 관련된 부분만 세심하게 보기'로 결정했다면, 필요한 부분만 당신 앞에 나타납니다.

그러한 현실 속에서 경험하는 시간은 당신이 만드는 것입니다.

자잘한 일에 시선을 뺏기면 목표를 실현하는 데 오래 걸립니다.

자세히 보려면 시간이 걸리기 때문입니다.

하지만 자신이 실현하고 싶은 목표를 정확히 파악하고 거기에 초점을 맞추면 그 과정에서 목표에 도달하는 데 필요한 부분만 나옵니다.

필요가 없는 자잘한 것은 나오지 않게 되죠.

그러니 자잘한 일이 자꾸 나와서 거기에 사로잡히기 시작하면 잠시 멈추세요.

가령 이런 명상을 해 보는 것도 좋겠지요.

그러면 꼭 봐야 하는 것이 눈앞에 아주 선명하게 나타나기도 합니다.

【 목표에 맞게 대처한다 】

하지만 이 명상에서 거리를 걷는 이유는 그런 자잘한 면을 보여주기 위해서가 아닙니다.

굳이 말하자면 자신의 목표에 따라 자기 안에 일관성을 유지하기 위해서입니다.

이 '1-3-5-7'의 과정을 거치며 여러분은 몸과 의식을 목표의 파동에 맞추게 됩니다.

자신이 일단 그 파동에 동조한다 싶으면, 거기서 나오는 것이 언뜻 자신의 목표와 전혀 관계없는 일처럼 보인다 해도, 대처해야 합니다.

때로는 "잠깐 자신을 돌아보세요." 하고 당신에게 알리기 위해 그런 일이 일어나는지도 모릅니다.

자신이 원하는 본래의 자신에 더 가까워지게 하려고 그런 일이 일어날 수도 있습니다.

그러면 자신의 바람이 실현되었을 때 더욱 감사하게 받아들일 수 있게 됩니다.

【 진정한 인내는 신뢰하는 것 】

따라서 인내심은 필요 없다는 것을 기억하세요.

여러분이 '인내'라고 부르는 것은 사실 인내가 아닙니다.

그리고 인내심이 필요하다는 것은 그 순간 여러분이 만들어 내는 현실에 주의를 기울이지 않는다는 뜻입니다.

부족한 인내심을 보완하려고 인내심을 발휘할 때, 여러분은 거기에서 일어나고 있는 일을 직접 체험하려고 하지 않습니다. 뭔가 다른 일이 생기지 않을까 그저 기다릴 뿐이죠.

앞에서 헌신에 관해 설명했는데, 진정한 인내란 체력 문제가 아니라 '지금 일어나고 있는 일을 신뢰하는 것'입니다.

'나는 지금 내가 하고 싶은 일을 하고 있다'고 믿고 있다면, 앞으로 일어날 일이 걸림돌이 되려고 나타나지는 않을 거라는 사실을 알 수 있습니다.

어떤 일이든 자신이 만들어 내는 현실을 자기 것으로 볼 수 있다면 그 현실을 원하는 방향으로 바꿀 수 있습니다.

어떤 일이 일어나든, 자기 안에 있는 어떤 감정이 밖으로 나오든,

자신은 안전하다는 것을 확실히 이해하세요.

【 목표에 집중한다 】

인생길을 걸으면서 의식의 초점을 자신의 목표에 확실하게 맞추세요.
목표에 도달하는 동안에 겪게 되는 잡다한 일에 일일이 초점을 맞추는 게 아니라 곧, 목표에 정확히 의식을 맞춰야 합니다.
그렇게 자잘한 일에 눈을 돌리고 분석을 하기 시작하면 인생에 걸림돌이 될 만한 일을 끌어당기게 됩니다.
그런 자잘한 일은 언제든 볼 수 있다는 걸 명심하세요.
그런 자잘한 일은 작은 돌멩이 안에 있는 원자 수만큼 만들어 낼 수가 있습니다.
그러니 안을 들여다보지 말고 밖에서 돌멩이를 보세요.
여러분이 설레는 일을 할 때는 그 돌멩이 전체를 보는 것과 같습니다.
물론 그 사이에도 이런저런 자잘한 일들이 계속 나올 겁니다.
하지만 자신의 목표에 초점을 맞추고 계속 설레는 일을 하다 보면 그런 자잘한 일들이 이미 그 안에 있었다는 걸 알게 됩니다.
여러분에게 필요한 것은 그런 자잘한 일이 아니라 거기에서 나오는 결과입니다.

그렇다면 자신이 가장 설레는 것과 관계없는 일에 눈을 돌릴 이유가 없습니다.

자, 그럼 그 도시를 계속 걸어갑니다.
그리고 당신의 현실에 당신이 말을 걸 수 있게 해 주세요.
빌딩이나 건물, 사람, 자신에게 필요한 것이 눈에 들어옵니다.
그냥 들어오는 게 아니라 평소보다 더 커 보입니다.
그리고 당신이 무시할 수 없는 형태로 당신 앞을 가로막습니다.
그런 식으로 눈앞에 짠하고 튀어나오게 하면 평소에는 놓치는 것도 놓치지 않고 볼 수 있습니다.
소중한 것을 놓칠 수는 없습니다.
그리고 당신은 당신이 발견한 것을 바꿀 수도 있습니다.
여기서 알아두어야 할 것은 누구나 바라는 게 있다는 사실입니다.
자신이 가장 설레는 일을 실제로 행동으로 옮기세요.
그것이 여러분의 삶의 목적이자 사명입니다.
그 목적이자 사명을 자신의 인생에서 행동으로 옮길 때, 빠르게 혹은 조금 시간이 걸리더라도 결국은 현실로 만들 수 있습니다.
당신이 이번 생을 창조했을 때, 이번 생에서 배우고 체험하기로 결심한 것을 모두 체험하기 전까지는 이 세상에서 사라지지 않습니다.
당신이 신뢰와 설레는 마음으로 지금의 인생을 산다면 하루하루가 막힘없이 빠르게 흘러갈 것입니다.

두려움과 의심에 빠진 채로 살면 인생이 더 길게 느껴질 것입니다.

【 나에게 두려움이 필요한가? 】

하지만 혹시라도 두려움에 빠져 인생이 더 길게 느껴지면 어떡하나 두려워할 필요는 없습니다.

명상하는 동안 자신에게 물어보세요.

나에게 두려움이 필요한가?

내가 원하지 않는 현실이 정말로 필요한 걸까.

'예'인가, '아니요'인가.

이런 질문을 할 때는 자신에게 솔직하고 단순해야 합니다.

매 순간 정말로 자신이 가장 설레는 일을 하고 싶은가?

선택하고 싶은가.

'예, 아니요' 중 어느 쪽일까?

만약 당신이 "예. 그렇지만……"이라고 대답했다면 그것은 '아니요'라고 대답한 것이나 다름없습니다.

그러니 그러한 대답도 인정해 주세요.

지금 이 순간, 여러분이 '가장 설레는 일을 할 거라고 믿어지지도 않고, 거기서 돈을 벌 거라는 말도 믿을 수 없다'라고 생각하는 것은 전혀 문제가 되지 않습니다.

그 일이 정말로 가능하다고 믿는 척하는 것보다는 자신에게 정직한 편이 꿈을 이루는 데 훨씬 효과적입니다.

본인이 하지 못하는 일이 있으면 못한다고 솔직하게 인정합니다. 그렇지 않으면 결국 '나는 못하는구나'라는 관념에 직면하게 되고, 그 문제에 대처하기 전까지 앞으로 한 발짝도 나아가지 못하게 됩니다.

'할 수 없다'고 생각하면서도 '할 수 있다'고 믿으려고 해 봤자 자기 자신만 속일 뿐입니다.

자신의 꿈에 대해서도 솔직하지 못하게 되는 것입니다.

자신이 진정으로 원하는 현실을 만드는 것에 대해서도 솔직하지 못하게 됩니다.

수천 년 동안 여러분은 어제의 상태에서 엑스터시 상태[2]에 놓여 있지 않았습니다.

그러니 지금 설레는 일을 할 거라고 믿어지지 않는다고 해서 자신을 탓하지 마세요.

자신이 원하지 않는 현실을 만들어 내는 관념을 보고 그 생각을 바꿔 보세요.

그 관념이 네거티브한지, 포지티브한지도 살펴보세요.

---

2 ecstasy, 자아와 자아 너머의 세계와의 강렬한 정동情動을 수반한 일치의 상태를 말한다. 망아忘我 상태라고도 한다 —역주

실제로 그러한 경험을 하고 나면 그 생각에서 해방될 수 있습니다.
조금은 패러독스, 역설적으로 느껴지겠지만.
자신의 꿈을 실현하는 데 시간이 걸린다는 관념을 인정하면 짧은 시간에 그 꿈을 실현할 수 있습니다.
그것이 패러독스입니다.
'원하지 않는 현실을 스스로 만들어 냈다'는 것을 알게 되면 이번에는 만들어 내고 싶은 현실을 좀 더 쉽게 만들어 낼 수 있을 것입니다.
두 개의 극과 극으로 나뉜 정반대의 관념을 완전히 분리된 두 개의 관념으로 보지 마세요.
그 두 개는 서로를 지지하면서 어떤 하나의 관념을 당신에게 전하려고 합니다.

【 전적으로 확신한다 】

인생의 모든 것을 창조적으로 활용하세요.
창조적인 인생이 될 것입니다.
자신의 꿈을 현실 세계로 만들 수 있게 됩니다.
전적으로 확신합니다!
자신에게 말해 보세요.
"전적으로 확신합니다!" 말하고 손뼉을 치세요.

(손뼉을 치는 소리가 난다.)

제가 '전적으로 확신한다'라고 말하면 정말로 그렇게 믿을 수 있기 때문입니다.

우주는 당신이 밖으로 내보낸 파동과 같은 파동만을 당신에게 제공할 수 있습니다.

그러므로 만약 당신이 '내가 원하지 않는 부분도 조금 있지만 이 정도라면……'이라고 생각하는 파동을 내보낸다면, 그 말대로 '조금은 원하지 않는 현실'을 끌어당기게 됩니다.

그리고 이것은 방금 말했듯이 당신의 일부분이 원하지 않는다는 이야기가 아니라, 100퍼센트의 당신이 '조금은 원하지 않는 현실'입니다.

자신이 진정으로 바라는 현실을 전적으로 믿어 보세요.

그렇게 어려운 일은 아닙니다.

다만, 그전에 자기 자신에 대해 조금은 알고 있어야 합니다.

자신에 대해 알아야 어떤 사람이든 될 수 있습니다.

자신의 삶에서 일어나는 모든 일에는 이유가 있다는 것을 기억하세요.

거기에서 필요한 것을 배우세요.

인생에서 일어나는 모든 일에 공통되는 기본적인 요소는 '이것이 진정한 너다'라고 배우게 한다는 점입니다.

그러니 그 순간에 자신이 무엇을 배우려고 하는지 살펴보세요.

당신의 삶에서 끌어당기는 것은 전부 당신의 파동입니다.

'이런 인생을 살고 싶다'고 하는 이상적 삶이 있다면, 그 삶의 파동에 자신을 맡기세요.

이런 생각을 말로 듣는 것도 아주 가치가 있습니다.

이런 말을 글로 읽는 것도 아주 좋고요.

하지만 실제로 무엇이 제일 도움이 되는가 하면 행동으로 옮기는 것입니다.

행동하는 존재가 되어 주세요.

삶을 사는 존재가 되어 주세요.

특별하고 아름다운 과정, 다양한 경과가 쌓이고 쌓인 것이 여러분이라는 존재입니다.

그러니 먼저 자신이란 존재를 즐겨 보세요.

당신이 원하지 않는 부정적인 면이 당신 안에 있다면, 그 부정적인 면을 만든 건 당신의 창조적인 부분입니다.

그 창조적인 부분이 얼마나 멋지게 작용하는지를 지켜봐 주세요.

그리고 모든 것을 중화시켜 봅시다.

당신이 원하는 긍정적인 현실보다 부정적 현실이 더 쉽게 일어날 수 있다고 부정적인 쪽에 여분의 힘을 주지 마세요.

어떤 현실도 당신이 선택하지 않으면 일어나지 못합니다.

여러분은 두려움에 못 이겨 선택할 수 있습니다.

또한 기쁨에 차서 선택할 수도 있습니다.

인생은 선택입니다.

여러분은 영원불변한 영혼魄입니다.

모습은 달라져도 영원히 존재합니다.

그러니 즐거운 선택을 하기 바랍니다.

자신이 원하는 선택을 해도 괜찮습니다.

물론 결정하는 것은 당신 자신입니다.

이렇게 여러분과 소통할 수 있게 된 것에 감사드립니다.

그러한 선택을 하게 해 주셔서 감사드립니다.

우리는 이런 교류를 좋아합니다.

우리 문명은 지금 여러분에게 말해 드린 것과 같은 요소들로 이루어져 있습니다.

그렇다고 여러분의 문명도 그렇게 되기 위해 선택할 필요는 없지만, 우리는 여러분이 우리와 대등한 입장에서 함께 놀아 주기를 바랍니다.

그러면 심호흡을 하고 눈을 뜹니다.

손을 들어 위로 쭉 뻗읍시다.

옆으로도 뻗고 앞으로도 뻗고…….

그리고 몸에 힘을 빼고 편안히 하세요.

바샤르의 키워드

역설 paradox

바샤르의 설명을 듣다 보면 '역설'이라는 개념이 자주 등장한다. 하나의 근원에서 나왔음에도 불구하고 서로 모순되거나 배타적으로 보이는 개념들이 존재하는 것이다. 하지만 바샤르는 위대한 자아의 관점에서는 이러한 역설들이 모두 통합된 동일한 것이라고 말한다. 즉, 서로 대립하는 두 개가 눈에 들어오기 시작할 때는 내면의 다양한 파동이 하나로 통합되고 있다는 신호이며, 그것은 본질에 가까워지고 있다는 뜻이다.

바샤르는 "'이것이냐 저것이냐'가 아니라 항상 '이것과 저것'이다."라고 말한다. 낮은 차원에서는 완전히 반대처럼 보이던 것도 더 높은 차원에서 보면 언제나 연결되어 있다. 우리가 "그럼 이게 아니라 저쪽인가요?"라고 질문하면, 그는 "다른 것으로 볼 수도 있고, 하나로 볼 수도 있으며, 항상 둘 다일 수도 있다."라고 답한다. 이 문명에서는 '이것' 아니면 '저것'이라고 생각하지만, 실제로는 '이것, 그리고 저것'이라는 식으로 받아들여야 한다는 것이다.

일상 속에서도 '이거냐 저거냐'의 이분법에서 벗어나 '이것과 저것'을 동시에 떠올리는 순간, 우리는 양극성의 굴레에서 벗어나 새로운 시각을 얻게 된다. 스스로 어떤 선택 앞에서 갈팡질팡하거나, 누군가와 의견이 다를 때도 '둘 다 일 수 있다'는 관점은 생각의 폭을 확장시킨다.

아인슈타인도 말했다. "문제를 만들어 낸 사고로는 그 문제를 해결할 수 없다." 바샤르는 이렇게 말한다. "극과 극으로 나뉜 정반대의 관념을 완전히 분리된 두 개의 관념으로 보지 마세요. 그 두 개의 관념은 서로를 지지하며, 당신에게 하나의 통합된 관념을 전달하려고 하고 있습니다."

반드시 실현되는 '1-3-5-7의 실현 법칙'
자신이 설레는 것, 그 자체가 되는 과정

1 원네스, 하나라는 것
- 하나의 완전한 자신이 되는 것. 자신을 부분이 모인 집적이라고 생각하지 않는다. '누구나 자신이 원하는 현실을, 누구도 상처 입히지 않고 만들어 낼 수 있는 힘이 있다'고 이해한다.
- '모든 것은 본래 하나라는 것, 자신의 또 하나의 표현이자 반영이다. 따라서 목표도 자신과 분리된 것이 아니다. 자신은 목표 그 자체. 나는 이미 그러하다'는 것을 안다.

5 모든 걸 갖추면 실패할 위험이 없다
- 다섯 가지 요소를 갖추면 프로젝트는 반드시 성공한다.
- 그 일이 어떻게 일어나는지 보여준다.

5-1 비전
- 본다, 느낀다, 이룬다.

5-2 타이밍
- 타이밍을 본다, 신뢰한다.

5-3 지식
- 상상하던 그 사람이 되면 알게 될 지식과 기술을 배운다.
- 언어나 도구, 화법, 보법, 지식, 기술 등 비전을 상징하는 다양한 기술을 자신에게 가르친다.

5-4 자원
- 비전의 실현을 도와주는 사람과 관계를 맺는다.
- 그 사람들이 가져다주는 새로운 자원도 존중한다.

5-5 헌신
- 자신의 꿈을 위해서라면 할 수밖에 없다고 여겨지는 일.
- 가장 가슴 설레는 일인지 가끔씩 확인한다.
- 결단을 내리고 행동하려는 의지.
- 최고로 가슴 설레는 일에 대한 완전한 집중과 신뢰.

3 가슴이 설레는 비전, 꿈의 파워
- 바라는 현실을 만들어내는 직접적인 접근.
- 바라는 현실을 만들기 위해 필요한 분위기를 조성한다.

3-1 본다
- 상상력을 총동원하여 선명하게 본다.
- 필요하면 상상 속의 이미지를 더 보기 위해 사진이나 그림을 활용한다.

3-2 느낀다
- 이미 그렇게 됐다고 상상하고 어떤 느낌일지를 느껴본다.
- 상상 속으로 들어가 오감으로도 느낀다.
- 상상 속에 푹 빠져서 비전을 맛본다.

3-3 이룬다
- 몸을 움직여서 행동한다.
- 상상 속 이미지와 맞는 환경을 자신의 주위에 만들고 그 안에 몸을 둔다.
- 기회를 행동으로 옮긴다.

7 균형을 되찾는 7가지 어퍼메이션
- 잘못되었다고 생각한 순간 '1-3-5' 법칙을 다시 활용하기 위하여.

7-1 몸을 편안히 한다
7-2 내려놓는다
7-3 안쪽으로 시선을 돌린다
7-4 떠올린다
7-5 반응을 본다
7-6 균형을 되찾는다
7-7 기뻐하고 감사한다

바샤르와의 대담

Q1 남편과 재회하고 싶은데 1-3-5-7 법칙을 활용할 수 있을까요?

Q1(여자) 틀어진 인간관계를 되돌리고 싶을 때도, 오늘 배운 1-3-5-7 법칙을 활용할 수 있을까요?

바샤르 그 관계가 정말로 당신이 설레는 것이라면, 물론 활용할 수 있습니다. 상대의 진짜 모습을 있는 그대로 받아들이려는 의지가 있다면, 그리고 그 사람을 자신이 기대하는 인간상으로 바꾸려 하지 않는다면 말이죠.

상대 역시 진정한 당신을 볼 준비가 되어 있고, 기대 속의 당신이 아닌 있는 그대로의 당신을 보려 한다면 가능합니다. 어때요, 대답이 됐나요?

Q1 그 사람은 저와 같은 마음이 아닐지도 모릅니다. 사실은 남편과 별거 중인데, 예전으로 돌아가고 싶습니다.

바샤르 이유가 뭔가요?

Q1 사랑하고 있다는 걸 깨달았습니다.

바샤르 정말로 남편을 사랑합니까? 아니면, 당신이 바라는 모습대로의 그 사람을 사랑하는 건 아닙니까?

Q1 그이를 사랑한다고 생각합니다.

바샤르 그렇게 생각한다는 거죠?

Q1 아, 사랑합니다.

(청중, 웃는다.)

바샤르 우리가 "가장 설레는 일을 하세요."라고 말할 때는, 인간관계도 포함됩니다. 하지만 대부분의 경우 우리는 "누군가와 함께 하지 않아도 당신 혼자 가장 설레는 일을 하세요."라고 말합니다. 당신이 진정한 자신으로 빛나기 시작하면, 그런 당신을 반영해 주는 사람들이 자연스럽게 끌려오게 되어 있습니다.

당신은 남편을 사랑할 수 있습니다. 그러나 만약 그가 당신과 함께 있기를 선택하지 않는다면, 당신은 자신에게 이렇게 물어야 합니다.

첫 번째 질문. "나와 함께 있기를 원하지 않는 사람을 왜 내 세계에 끌어들였는가?"

두 번째 질문. "나와 함께 있기를 원하지 않는 사람과 왜 함께 있고 싶은가?"

물론, 상대가 변할 가능성은 있습니다. 하지만 그가 변할 수 있는 유일한 방법은 당신이 100퍼센트 당신 자신이 되는 것입니다. 당신이 진정한 자신이 되어, 가장 설레는 일을 하며 살아갈 때, 이번에는 그가 진정한 당신과 함께하고 싶어질 가능성이 생깁니다. 과거의 당신이 아닌, 새로운 당신을 만났기 때문입니다.

그러니 이렇게 해 보세요. 가장 가슴 설레는 일 중에서, 지금 당장 할 수 있는 것을 실제로 행동으로 옮기세요. 그렇게 당신이 100퍼센트 자기 자신으로 살게 되면, 그 모습을 본 남편이 마음을 바꿀 수도 있습니다. 반대로, 당신이 진정한 자신으로 살아가고 있음에도 남편이 여전히 돌아오지 않는다면, 당신 역시 그 관계를 원하지 않게 될 것입니다.

자신의 진실을 행동으로 옮기고 진정한 자신으로 살기 시작하면, 그 파동과 공명하는 사람을 끌어당기게 됩니다. 그러면 모든 것이 자연스럽게, 순리대로 흘러가는 것을 느끼게 될 것입니다. 왜냐하면 여러분은 같은 주파수에 있을 것이기 때문입니다. 만약 그가 변한다면, 지금의 그와는 파동이 달라져 있을 것입니다. 겉모습이 같더라도 완전히 다른 사람이 되는 것이지요.

개인적으로 가장 설레는 일 중에서, 아직 해 보지 않은 일이 있습니까? 다른 사람과는 전혀 상관없이, 당신 자신을 가장 잘 표현할 수 있고 가장 설레는 일이 있는지를 묻는 겁니다. '예'입니까, '아니요'입니까?

Q1　'예'입니다.

바샤르　그리고 당신은 실제로 그 일을 하고 있습니까?

Q1　예.

바샤르　그게 뭔가요?

Q1　춤을 추는 겁니다. 최근 시작했습니다.

바샤르　설레나요? 다른 무엇보다 당신을 설레게 합니까?

Q1　지금은 그렇다고 생각합니다.

바샤르　'예'인가요?

(청중, 웃는다.)

Q1　그렇습니다. 확신합니다.

바샤르　좋습니다. 그렇다면 지금 하고 있는 그 일을 계속하십시오. 그것이 당신의 파동을 형성하고, 그 파동이 그의 마음을 바꿀 수도 있습니다. 아니면 그 파동에 맞는 다른 사람이 당신 인생으로 들어올 수도 있습니다. 어떤 경우든, 그 사람이 누구인지 알게 될 때 당신은 즉시 알아챌 것입니다. 그러니 걱정할 필요 없습니다.

그리고 꼭 기억하십시오. 가장 설레는 일을 하면, 두 번째로 설레는 일은 저절로 따라옵니다.

> **본질의 메시지**
>
> 그와의 관계가 진심으로 당신을 설레게 한다면, 1-3-5-7 법칙을 활용할 수 있습니다. 그러나 대부분의 경우, 우리는 "누군가와 함께하지 않아도, 개인적으로 가장 설레는 일을 하십시오."라고 말합니다.

Q2 '1-3-5-7'은 홀수뿐인데, 거기에 어떤 법칙이 있습니까?

Q2(여자) 오늘 들려주신 '1-3-5-7' 법칙의 수가 전부 홀수라서 매우 신기하게 느껴졌습니다. '2', '4', '6'이 빠져 있는 이유가 혹시 바샤르의 별에 어떤 법칙이 있어서 그런 건가요? 만약 그렇다면 '9'에도 의미가 있는 걸까요?

바샤르 특별한 법칙이 있어서 그런 건 아닙니다. 하지만 각 숫자에는 고유한 파동이 있습니다. '2', '4', '6'에 의미가 없다는 뜻은 아니고요. '1', '3', '5', '7'은 그것들이 가진 의미, 그리고 여러분과의 연관성을 고려해서 고른 것뿐입니다.

'1'은 모든 현실에 공통되는 기본 숫자입니다. '3'은 물리적 현실의 기초가 되는 숫자죠. '5'는 인간형 생물의 기본입니다. 여러분은 머리, 두 팔, 두 다리를 포함해서 오각형 구조를 하고 있잖아요. '7'은 여러분의 상위자아를 상징하고, 이 차원을 가속시키는 파동입니다. '2'는 균형과 양극성을 나타냅니다. '4'는 여러분이 사는 세계에서 방향을 나타내죠. 그 네 방향은 여러분의 생각과 정신에도 영향을 끼칩니다. '6'은 말하자면 3차원 공간, X, Y, Z로 표현되는 좌표축입니다.

그리고 '9'는 3×3이죠. 우리 문명에서도 의미 있는 숫자입니다. 여러분의 문명에서도 마찬가지일 겁니다. 우리는 '3'과 그 배수를 물리적 우주를 확장하는 기본 숫자로 봅니다. 만물은 4면체 구조를 기초로 합니다. 그리고 '9'는 이 우주의 구조 안에서 가장 높은 지점을 나타냅니다. 우리에게는 완전히 다른 차원으로 들어가기 직전의 장소, 바로 그 경계를 의미합니다.

숫자는 단순한 수치가 아닙니다. 각각이 특정한 파동과 주파수를 가지고 있고, 물리적 우주의 구조를 만드는 템플릿이 되는 것입니다.

본질의 메시지

1-3-5-7는 모두 홀수지만 특별한 법칙이 있는 것은 아닙니다. 다만 모든 숫자는 특정한 파동, 주파수를 갖고 있으며 물리적 우주에 구조를 만드는 템플릿, 기반이 됩니다.

Q3 '통일성 있게'라는 것의 어떤 의미입니까?

Q3(남자) 바샤르께서는 "가장 설레는 일을 하세요."라는 말씀을 자주 하시는데, 그 사이사이에 "통일성 있게"라는 표현을 덧붙이시는 것을 들었습니다. 여기서 말씀하시는 '통일성 있게'란 가장 설레는 일에 이르는 수단을 말하는 것인지, 아니면 자신의 태도나 자세를 말하는 것인지 궁금합니다.

바샤르 이전에도 말했지만, '통일성 있게'란 다음과 같은 뜻입니다. 다른 사람이나 자신에게 상처를 주지 않으면서, 자신이 하고 싶은 일을 할 수 있는 힘이 이미 자신 안에 있다고 믿는 것. 이 사실을 이해하고 살아간다면, 여러분의 현실은 매우 평온하게 흘러가게 됩니다. 굳이 이를 악물거나 마음이 불편한 상태로 설레는 일을 할 필요는 없습니다. 이 정도면 설명이 되었습니까?

Q3 아닙니다, 조금 더 듣고 싶습니다. 예를 들어 예술가가 무언가를 표현하고자 할 때, 그것이 음악일 수도 있고 그림이나 영화일 수도 있는데요. '통일성 있게'라는 말이, 예를 들어 음악을 시작했다면 음악만 계속하라는 뜻일까요?

바샤르 아니, 그렇지 않습니다. 그건 '통일성'이라기보다 '일관성'이라고 해야 할 겁니다.
'통일성 있게 한다'는 건, 자신을 하나의 완전한 존재로 보고, 믿음을 바탕으로 모든 걸 한다는 뜻입니다.

쉽게 말해, 하고 싶은 일을 할 때 항상 기분 좋은 사람으로 있을 수 있다는 거죠. 몸에 힘을 빼고, 자신이 제일 하고 싶은 일을 최선을 다해 하되, 다른 사람에게 상처는 주지 않는 겁니다. 무언가를 이루기 위해 남한테 의지하거나, 남의 에너지를 끌어다 쓰려는 게 아니라.

그런데 하나에 집중하지 못하고 계속 옮겨 다니거나, 뭔가를 피해서 다음 걸로 넘어가는 거라면 그건 통일성이 있다고 할 수 없습니다. 그렇다고 다양한 걸 시도하는 창의성이 통일성이 없다는 뜻은 아닙니다.

가장 설레는 걸 하되, 그 안에서 어떻게 통일성을 유지하느냐. 여기에 핵심이 있습니다.

본질의 메시지

통일성이란, 다른 사람이나 자신에게 상처 주지 않으면서, 자신이 하고 싶은 일을 할 수 있는 힘이 이미 자기 안에 있다고 믿는 것입니다. 무언가를 성취하기 위해 자신의 힘을 남에게 맡기거나, 남의 힘을 뺏으려고 하지 않는 상태를 말합니다.

Q4 비판이 두려워서 아무것도 할 수가 없습니다

Q4(여자) 자신을 표현하고 싶은 마음이 크지만, 제 안에 그것을 방해하는 또 하나의 제가 있는 것 같습니다.

바샤르 아닙니다. 그렇지 않습니다. 당신은 '자신의 일부는 표현하려 하고, 일부는 방해하고 있다'고 말하지만, 그런 식의 일부는 존재하지 않습니다. '당신 전체가 표현하고 싶다' 혹은 '당신 전체가 표현하고 싶지 않다', 둘 중 하나일 뿐입니다. 하거나, 하지 않거나. 당신은 어떤 부분들의 조합이 아닙니다. 자신을 여러 조각으로 나눠서 그 조각들이 충돌하고 있다고 믿으면, 거기서 좌절과 피로가 생깁니다.

지금 당신이 하지 않고 있지만 하고 싶은 건 무엇입니까?

Q4 본래의 저 자신, 그리고 제가 스스로 억제하지 않는 그런 상태가 되고 싶습니다.

바샤르 무언가가 당신을 방해한다고 생각하나요?

Q4 네, 불안이나 부끄러움 같은 감정들이요.

바샤르 자신이 하고 싶은 것에 대해 부끄러움이나 불안을 느끼나 보죠?

Q4 네. 저 자신을 100퍼센트 믿지 못하겠습니다…….

바샤르 아니요, 당신은 항상 자신을 100퍼센트 신뢰하고 있습니다. 자신을 100퍼센트 신뢰하지 않는 건 불가능합니다. 단지,

원하는 현실을 100퍼센트 신뢰하고 있느냐, 원하지 않는 현실을 100퍼센트 신뢰하고 있느냐, 그 차이일 뿐입니다. 여러분은 이미 항상 자동으로 100퍼센트 신뢰하고 있습니다. 그렇지 않으면 어떤 현실도 체험할 수 없습니다.

지금 당신은 자신이 원하지 않는 것을 믿고 있는 겁니다. 그래도 여전히 100퍼센트 신뢰하고 있는 겁니다. 그래서 말하는 겁니다. 당신은 '방해받고 있는 게 아닙니다'. 방해란, 두 개의 힘이 동시에 작용해야 성립하는데, 실제로는 한 번에 하나의 선택만 일어납니다.

당신이 바라는 걸 하지 않는다면, 그것은 당신이 '하지 않음'을 100퍼센트 신뢰하고 있기 때문입니다. 그건 방해가 아니라, 명확한 신뢰입니다. 그리고 100퍼센트 신뢰하는 순간, 그 현실을 막을 수 있는 다른 힘은 개입할 수 없습니다.

지금 제가 말하는 '정의'와, 당신이 말한 '정의' 사이의 차이가 느껴지나요?

Q4   조금은 알겠지만, 아직 헷갈립니다.

바샤르   그러면 좀 더 쉽게 설명하겠습니다. 당신이 정말 하고 싶은 일은 무엇입니까? 할 수 있는지, 없는지 따지지 말고요. 분석도 하지 말고요. 지금 하고 있지 않지만 마음속으로 가장 설레는 일, 딱 한 가지만 말해 보세요. 짧고 간단하게요. 지금 당장 할 수 있다면 가장 설렐 것 같은 일은 무엇입니까?

Q4 다른 사람과 즐겁게 생활하는 것입니다.

바샤르 어떤 사람이든 상관없습니까? 아니면 머릿속에 특정한 사람들이 떠오릅니까?

Q4 가까이 있는 사람들입니다.

바샤르 가까이 있다는 건 당신 이웃에 사는 사람을 말하는 건가요?

Q4 그게 아니라 같이 생활하는 사람들입니다.

바샤르 같이 생활하는 사람들. 어떻게 가까운 거죠?

Q4 가족이라든가, 회사 사람들처럼 저와 자주 얼굴을 맞대는 사람들입니다.

바샤르 자주 본다는 의미입니까? 그들과 가까워지고 싶다고 말하는데, 정확히 어떤 상태를 의미하는 겁니까?

Q4 단순히 자주 본다는 뜻은 아니고요. 가족이나 혈연, 회사 동료 같은 관계를 말하는 겁니다.

바샤르 당신은 어떤 사람과 가까워지고 싶다고는 말해도, 어떻게 가까워지고 싶은지는 말해 주지 않는군요. 당신이 하려는 말이 이런 건가요? 그들이 당신을 사랑한다는 걸 느끼고 싶다. 당신이 그들을 사랑한다고 느끼고 싶다는.

Q4 그렇죠. 서로의 신뢰 같은…….

바샤르 그럼 묻겠습니다. 당신은 자신을 신뢰합니까? 자신을 무조건 사랑하나요?

Q4　　그러려고 노력 중입니다만…….

바샤르　노력 중이다. 그럼 그들도 마찬가지일지 모릅니다. 당신을 사랑하고 신뢰하려는 '중'일 수도 있겠네요. 그런데 당신은 어떤 쪽이 더 좋은가요? 당신을 사랑하려는 사람? 아니면 그냥 사랑하는 사람?

Q4　　후자입니다.

바샤르　그럼 당신 자신에 대해서는 어떻습니까? 자신을 사랑하려는 중인 당신이 좋습니까, 아니면 무조건 사랑하고 신뢰하는 당신이 좋습니까?

Q4　　후자가 좋습니다.

바샤르　그렇다면 언제부터 자신을 사랑하고 신뢰하기 시작할 건가요?

Q4　　지금부터, 당장요.

바샤르　지금 이 순간, 자신을 무조건 사랑하고 신뢰하는 걸 방해하는 것이 정말 있다고 생각합니까? 아까 부끄럽다고 했는데, 자신을 사랑하는 게 부끄럽습니까? 솔직하게 말해 보세요. 만약 그렇다면, 무엇에 대해 부끄러운 겁니까?

Q4　　저는 원래 부끄러움이나 두려움이 많은 편입니다.

바샤르　무엇이 두렵습니까? 사랑받지 못하는 것?

Q4　　그보다는… 비판받는 게요.

바샤르　누가요. 자기 말고 누가 당신을 비판할 수 있을까요. 만약 누군가가 당신을 비판한다 해도 당신이 그 영향을 느낄 수 있는 것은, 당신 자신이 비판을 받아들였을 때, 혹은 그들의 비판을 자신에게 스스로 만들어 냈을 때뿐입니다. 예를 들어 볼까요?

Q4   예.

바샤르   당신은 정말 썩어빠진 사람이에요!

(청중, 웃는다.)

지금 제가 한 말을 믿습니까?

Q4   …….

바샤르   그게 그렇게 오래 생각해 봐야 하는 일인가요?

Q4   믿지 않습니다.

바샤르   당신은 썩어빠진 인간이 아니란 말이죠?

Q4   아닙니다. 아니에요.

바샤르   그걸 어떻게 알죠?

Q4   저 자신이 썩어빠진 인간이 아니라고 생각하기 때문입니다.

바샤르   그렇다면 당신은 제가 한 비판을 받아들이지 않았군요? 맞습니까?

Q4   예.

바샤르   그러면 왜 다른 사람의 비판은 받아들이는 건가요?

Q4   아…….

바샤르   당신은 저에게 상처를 줬습니다. 제 비판은 무시하면서 다른 사람의 비판만 받아들이다니요. 너무하군요.

(청중, 웃는다.)

이로써 저는 더욱 확신을 갖게 되었습니다. 당신은 썩어빠진 사람일 뿐만 아니라 불공평한 사람입니다. 장난인 건 아시죠?

Q4 네, 압니다. 하하.

바샤르 이것으로 제가 말하고자 하는 바를 알았으리라 생각합니다. 누구의 비판도 받을 필요가 없습니다. 만약 누군가에게 비판을 듣고 뭔가가 느껴졌다면, 이는 스스로 '비판받아야 마땅하다'고 여기고 자신을 비판한다는 뜻이니까요. 당신이 해야 할 일은 당신의 마음속에 무조건적인 사랑이 있음을 느끼는 것입니다. 다음을 이해하세요. 누군가가 당신을 비판하기로 정했다면, 그것은 비판하는 당사자가 자신을 비판하는 것뿐이라고. 그들은 자기에게 돌아올 화살이 두려워서 자신에게 보내야 할 화살을 당신에게 돌리는 것뿐입니다.

그들에게 친절한 마음을 가지세요. 그들은 자신 안에 도사리고 있는 두려움 때문에 다른 사람을 비판하는 것입니다. 그러니 사랑해주세요. 그들에게는 당신의 사랑이 필요합니다.

그들 자신이 왜 비판하기로 선택했는지, 그리고 무엇이 두려운지, 사랑하는 마음으로 함께 살펴보세요. 그리고 두려워할 필요가 없다는 사실도 알려주세요.

두려워할 필요가 없다는 걸 알게 되면 그 두려움은 자기애로 바뀝니다. 그리고 그들이 자신을 사랑할 수 있다면 그 사랑은 당연히 당신에게도 돌아옵니다.

그들을 꼭 변화시켜야 하는 것은 아닙니다. 하지만 변화시킬 수 있습니다. 진정한 자신을 부끄러워할 필요는 없습니다. 동시에 아무도 당신을 비판할 수 없다는 사실을 기억하세요.

> **본질의 메시지**
>
> 누구의 비판도 받을 필요가 없습니다. 만약 누군가에게 비판을 듣고 뭔가가 느껴졌다면, 그건 이미 당신이 스스로에게 그렇게 말하고 있었다는 뜻입니다.

Q5 가장 설레는 일이 뭔지 잘 모르겠습니다

Q5(여자) 무엇이 가장 설레는 일인지 잘 모르겠습니다.

바샤르 그 문제는 아주 간단합니다. 어느 순간이든, 순간순간마다 자신이 가장 설레는 일, 그것도 자신의 손에 닿을 수 있는 범위, 행동으로 옮길 수 있는 범위 내에서 가장 설레는 일을 하면 됩니다. 매 순간, 몇 개의 선택지 중에서 가장 설레는 일이 무엇인지 느껴 보세요. 가장 설레지는 않지만 좀 더 간단하게 손에 닿을 수 있는 일, 그런 게 나올 겁니다.

이렇게 생각해 보세요. A, 내가 가장 설레는 건 뭘까? B, 그중에서 지금 당장 할 수 있는 건 뭘까? 지금 당장 당신 인생에서 '이거다!' 싶은 가장 설레는 단 한 가지를 찾을 필요는 없습니다. 이 순간에 당신이 할 수 있는 범위 내에서 가장 설레는 일을 찾으세요. 어때요, 조금은 명확해졌나요?

Q5 예. 그런데 마음 어딘가에서는, 예전부터 '이건 내가 만들 수 있겠다' 싶은 게 있었어요…….

바샤르 그게 뭔가요? 명상을 하면서 "나는 뭘 만들어 낼 수 있을까?"라고 스스로 물어봤습니까?

Q5 네, 갑자기 떠오른 건…… 영화예요.

바샤르 영화에 대해서 뭘 하고 싶습니까? 만들고 싶은 겁니까?

Q5 그렇습니다.

바샤르 시나리오를 쓸 수도 있고 카메라를 들 수도 있는데 어느 부분을 하고 싶은 걸까요? 아니면 전부 다 하고 싶은 건가요?

Q5 제가 떠올린 스토리를 영화로 만들고 싶어요.

바샤르 그러면 시나리오를 쓰는 건가요, 혹은 영화 전체를 만드는 겁니까?

Q5 전부입니다.

바샤르 그거 아주 설레는데요. 그러면 첫 번째 단계는 무엇일까요?

Q5　일단, 영화와 관련된 대학에 들어가는 거였는데, 불합격하고 말았습니다.

바샤르　그건 꼭 필요한 일이 아니에요. 세상에는 학교에 다니지 않은 감독이 많습니다.

Q5　하지만 어디서부터 시작해야 할지 모르겠어요.

바샤르　아니, 당신은 알고 있습니다. 당신은 생각해 놓은 이야기가 있다고 말했습니다. 그 이야기는 쓰지 않아도 되는 건가요?

Q5　군데군데 쓰기는 했는데…….

바샤르　왜 완벽하게 쓰지 않는 겁니까?

Q5　구체적으로 써 보려고 하면, 왠지 납득할 수 있게 쓸 수가 없어서요…….

바샤르　저는 '납득해야 한다'고 말하지 않았습니다. 실제로 글을 써 보는 게 중요해요. 자신이 설레는 정도에 따라 조금씩 바꿔 나가면 됩니다.

Q5　하지만 영화 외에도 설레는 일들이 있는데요.

바샤르　영화를 만드는 일이 가장 설레는 거라면서요?

Q5　가장 설레는 건 영화를 보러 가는 겁니다.

바샤르　그렇군요. 만약 영화를 보러 가는 게 가장 설레는 일이라면 영화를 보러 감으로써 당신이 우주의 지지를 받을 수 있는 기회와 상황을 끌어당기세요. 그건 가능할 것 같나요?

Q5 　　우주의 지지를 받는다는 의미를 잘 모르겠습니다. 단어 자체의 의미는 알겠는데…….

바샤르 　　영화를 보러 감으로써 우주의 지지를 받는다는 건, 영화를 보러 가는 것으로 생계를 꾸릴 수 있다는 뜻입니다. 만약 영화를 보러 갈 때 가장 설렌다면, 당신을 가장 설레게 하는 것만으로 그 안에는 당신의 생계를 유지할 수 있는 가능성이 이미 들어 있습니다. 무슨 말인지 아시겠어요?

Q5 　　예.

바샤르 　　그러면 영화를 보러 간다는 것, 그게 업이 된다는 걸 믿습니까? 예, 아니요로 대답해 주세요.

Q5 　　아니요.

바샤르 　　그렇군요. 당신은 영화평론가라는 직업에 대해 들어본 적이 있습니까? '예'입니까, '아니요'입니까?

Q5 　　'예'입니다.

바샤르 　　영화 평론가들은 생계를 유지하기 위해 무엇을 할까요? 영화를 보러 가겠죠?

Q5 　　예.

바샤르 　　그러면 영화를 보러 감으로써 생계를 꾸릴 수 있다는 말을 이제는 믿을 수 있습니까?

Q5 　　예.

바샤르 　　당신은 글 쓰는 걸 좋아한다고 했는데, 영화를 보러 가서 그 영화에 대해 자신의 의견을 쓰면 어떨까요. 당신에게 즐거운 일이지 않을까요.

Q5   별로 즐겁지 않을 것 같아요.

바샤르   알겠습니다. 그냥 보러 가고 싶은 것뿐이군요? 영화를 보고 난 후 감상을 이야기하는 걸 좋아합니까?

Q5   별로 좋아하지 않습니다.

(청중, 웃는다.)

바샤르   그럼 그냥 영화관에 가고 싶은 건가요?

Q5   실은 제가 말을 잘 못해서요…….

바샤르   왜 당신은 감상을 말하지 못할 거라고 생각하죠?

Q5   영화를 보고 난 후의 느낌을 다른 사람과 공유할 자신이 없습니다.

바샤르   아하. 여기서 아주 중요한 걸 짚고 넘어가야겠군요. 당신은 저에게 대답할 때, 정직하고 솔직하게 말하고 있지 않습니다. 당신이 못 할 거라는 말이 아닙니다. 당신은 자꾸만 자신이 그걸 할 자격이 있는지, 할 수 있을지를 제3자 입장에서 따지며 제한을 두고 답하고 있지요.

하지만 저는 이렇게 물었습니다. "영화를 보러 가서 그 영화에 대해 글을 쓰는 것이 당신에게 설레는 일입니까?"라고. "그걸 할 수 있습니까, 없습니까?"라고 묻지 않았습니다.

당신이 지금 머릿속으로 따지고 있는 것들을 잠시 옆으로 치워 보세요.

(바샤르, 고개를 돌려 독자를 향해 말을 건다.)

지금 그녀가 보여 준 반응은 여러분 모두에게도 해당됩니다.

그녀는 우리에게 아주 중요한 예를 보여 주었어요.

여러분들은 '내가 가장 설레는 것이 무엇일까?'를 생각할 때, 그게 무엇인지 느껴 보기도 전에 벌써 '할 수 있을까?', '내가 그럴 자격이 있을까?' 하고 속으로 판단하기 시작합니다. 자기 안에서 자동으로 목소리를 냅니다.

제 말은, 그녀가 꼭 글쓰기에 설레야 한다는 게 아닙니다. 하지만 그녀는 항상 자신의 재능을 판단하느라 그 자체가 설레는 것인지 아닌지를 느낄 기회조차 얻지 못하고 있어요.

'무엇이 가장 설레는가?'라고 스스로에게 물을 때, 먼저 그 상상 속의 이미지 전체를 보세요.

판단은 일체 하지 말고.

판단을 하고 싶다면 나중에 하면 됩니다.

우선 그 설레는 이미지를 전부 자신에게 보여 주세요.

그리고 느껴 보세요.

상상 속 이미지를 나누는 것은 그다음에 해도 됩니다.

(바샤르, 다시 질문을 한 사람에게로 돌아온다.)

꼭 설레야 한다는 말은 아니지만, 이렇게 한번 물어보겠습니다.

만약 당신이 글쓰기에 재능이 있다면, 영화를 보러 가서 그 느낌을 글로 쓸 때 당신은 설렐까요?

Q5   예.

바샤르   그 말은 이런 뜻이군요? '영화를 보러 가는 건 설렌다. 그리고 그 영화에 관해 글을 쓰는 것도 설레면 좋겠다. 하지만 아직은 글쓰기에 자신이 없다고 느낀다.' 이게 정확한 표현일까요?

Q5   아주 정확합니다.

바샤르   그러면 여기에 당신에게 아주 중요한 포인트가 하나 더 있습니다. 설렘과 불안은 같은 에너지라는 사실입니다.
자신을 신뢰할 때는 설레는 기분이 느껴집니다. 자신을 의심할 때나 자신감이 없을 때는 불안하게 느껴집니다.
그리고 자신을 의심하고 그 에너지를 불안한 쪽에 두고 일을 진행하면, 오히려 당신이 하려는 일에 마음이 설레지 않게 됩니다.
스스로를 판단하려고 하면 그것만으로 무엇에 설레는지 알 기회조차 얻지 못할 테니까요.
오늘 아침에 말했죠. 모든 관념은 자기 안에서 다른 관념의 개입을 허용하지 않는다고.
질문한 당신과 여러분에도 물어볼게요. '내가 정말 설레는 것은 무엇일까?'라고 자문했을 때, 적어도 처음에는 판단을 하지 않고 그 전체를 상상할 수 있습니까?

Q5   예.

바샤르   좋은데요. 그렇다면 이건 가능할까요? 가슴 설레는 영화를 보고 나서 그 영화에 대한 생각과 감상을 적어 보는 겁니다. 글을 쓰지 않고 녹음을 해도 좋습니다. 친구와 대화를 나누고 이를 녹음하는 것도 좋겠지요. 친구와 대화 중에 당신이 했던 날것의 자연스러운 반응도 기록될 겁니다.

중요한 것은, 당신이 정말로 설레는 일을, 다양한 아이디어를 활용하여 얼마나 창조적으로 행동으로 옮길 수 있느냐입니다.

당신이 설레는 일을 하면, 어쩌면 영화 제작에 참여할 기회가 올지도 모릅니다. 그리고 영화 제작에도 아주 가슴이 설렐지 모릅니다.

다시 한번 생각해 보세요.

매 순간 당신은 완전히 새로운 사람입니다.

매 순간 당신이 바뀔 때마다, 당신에게는 새로운 재능이 준비되어 있습니다.

제 말을 믿으세요.

그리고 오늘 말했듯이, 이제부터 작가처럼 행동하세요.

그러면 글을 쓰는 자신의 재능을 즐기게 될 것입니다.

자신을 표현하는 당신의 재능은 더 커지고 확장되고 당신은 더 많은 문과 기회를 열 수 있을 것입니다.

본질의 메시지

할 수 있는지 할 수 없는지 자신을 판단하려고 하면 그것만으로 자신이 무엇에 설레는지 알 기회조차 얻지 못합니다. 우선 그 설레는 이미지를 전부 자신에게 보여 주세요.

바샤르의 키워드

설렘 excitement

바샤르 하면 가장 먼저 떠오르는 단어가 바로 '설렘'이다. '정열 passion', '기쁨 joy'이라는 말로도 표현되며, 바샤르는 언제나 "당신이 가장 가슴 설레는 일을 하세요."라고 강조한다. 왜 그토록 반복할까?

이 책에도 나와 있듯이, 설레는 감정은 존재의 본래 상태와 가장 일치하는 파동으로, 진정한 자기 자신과 연결되어 있다는 신호다. 이 설렘을 행동으로 옮기면 육체가 편안해지고, 우주의 전적인 지지를 받으며, 싱크로니시티 안에서 일이 술술 풀린다. 누구도 다치지 않고, 황홀한 순간이 연속되며, 주변에도 생동감 넘치는 빛과 봉사를 전할 수 있다.

'설렘'은 살아 있는 느낌, 진실됨, 내면의 평온함, 충만함, 에너지로 가득한 느낌, 창조성, 이유 없는 기쁨 등으로 표현된다. '위대한 모든 것'과 공명하는 파동이기에 일이 잘 풀린다. 반대로 진정한 자신과 어긋나는 행동, 즉 설레지 않는 일을 계속하면 일은 잘 풀리지 않으며, 그것이 '그쪽은 아니다'라는 신호로 나타난다.

바샤르는 "자신의 인생이 힘들게만 느껴진다면, 그 이유는 가장 설레는 일을 하지 않기 때문"이라고 말한다. 설렘은 단순한 감정이 아니라, 본래의 나와 우주의 파동이 맞닿아 있다는 표시다.

실천 방법은 두 가지가 있다. 하나는 중장기적인 '이런 사람이 되고 싶다', '이런 일을 하고 싶다'는 설렘을 행동으로 옮기는 방식이고, 또 하나는 매 순간 '지금 무엇을 하고 싶은가?'를 묻고 그것을 실행하는 방식이다. 둘은 연결되어 있다. 예컨대 영화를 보고 싶으면 본다. 이후 누군가에게 연락하고 싶으면 연락한다. 단순하고 즉각적인 실천이 핵심이다.

실천할 때 중요한 원칙은 '통일성 있게with integrity'라는 개념이다. 나도 해치지 않고 타인도 해치지 않으면서, 하고 싶은 일을 할 수 있는 힘이 이미 내 안에 있다는 믿음이다.

'돈이 많아지면 하고 싶은 일을 하겠다', '복권이 당첨되면 설렐 것 같다'고 생각한다면, 그 상황이 아니라도 지금 당장 설레는 일이 무엇인지 찾아 실행해야 한다. 복권을 사고 싶은 이유가 진짜 설렘이라면 괜찮지만, 결과에 대한 기대라면 의미가 없다. 언제나 핵심은 결과가 아니라 현재의 설렘이다.

그리고 설렘에는 제한을 두지 않아야 한다. 조건 없이 자신에게 전체상을 보여 주고 꿈을 꾸게 해야 한다. 단, 가짜 설렘에 주의해야 한다. 좌절감이나 억눌린 관념이 불러오는 유사한 감정에 속지 않기 위해, 바샤르는 매 순간 설레는 것을 실행하고, 몸을 정화하며, 에너지를 높이라고 말한다. 설렘을 모를 때도 이 방식은 좋은 출발점이 된다.

무엇보다 중요한 사실은, '나는 가장 설레는 삶을 선택했다'고 믿게 되면, 삶에 나타나는 모든 과제도 도전으로 바뀌고 그 안에서 성장할 수 있다는 점이다. 바샤르는 설렘을 행동으로 옮기는 행위 자체가 '의식을 정화하는 만능청소기'이며, 이를 통해 무의식의 관념이 드러나고 정화될 수 있다고 말한다. 그렇게 되면 설렘의 에너지는 더 강해지고, 파동도 더 높아진다. 그래서 그는 언제나 말한다. 어떤 상황에서도, 가장 가슴 설레는 방향으로 살라고.

BASHAR

바샤르와 나.
1

야마오카 나오키

영혼 한가운데로 스며드는 에너지를 만나 오랜 세월 얽매여 있던 속박에서 해방되었습니다. 지금은 가장 하고 싶은 일을 하고 있습니다.

바샤르와는 어떻게 만나게 되었나요?

20여 년 전, 직장 생활을 시작한 지 1년쯤 되던 겨울이었어요. 홀로 도쿄에 올라와 사회의 거센 흐름에 치이며 몸과 마음이 지쳐 있던 때였죠. 그 무렵 자연스레 정신세계 관련 책들을 읽고, 자기

계발 세미나에 참가하곤 했습니다.

그러던 어느 날 친구가 "우주에 바샤르라는 존재가 있다는 거 알아?"라고 물었는데, 그 말에 뭔가 울림이 느껴졌어요. 바로 서점으로 달려갔고, 딱 한 권 남아 있던 바샤르의 책을 손에 넣었죠.

집에 돌아가는 전철 안에서 책을 펼치자마자, 완전히 빨려 들었습니다. 전혀 새로운 관점, 명쾌하고 강렬한 메시지에 압도당했어요. 마치 눈이 번쩍 뜨이는 듯한 충격과 함께, '이거야!' 싶은 안도감에 가슴이 벅차올랐죠. 며칠 뒤 도쿄에서 열린 공개 채널링 행사에 참석했는데, 거기서 처음으로 바샤르의 역동적이고 따뜻한 에너지를 직접 느낄 수 있었습니다.

가장 기억에 남는 순간은 무엇인가요?

무엇보다도, 메시지에 담긴 에너지였습니다. 파워풀하고 생동감 넘치면서도 우주의 깊은 지혜를 품고 있더라고요.

중후하면서도 믿음직스러운 지휘관 같기도 하고, 유쾌하고 익살맞은 친구 같기도 했습니다. 그 에너지에 접하기만 해도 뭐든 이룰 수 있을 것 같은 용기가 솟았어요. 녹음된 음성을 듣거나 책을 읽을 때도 내면에서 역동적인 에너지가 살아나는 걸 느꼈죠. 단순히 논리적인 이해가 아니라, 무한한 가능성이 영혼 깊숙한 곳까지 전해졌습니다. 그런 경험은 처음이었습니다.

그 시절 가장 알고 싶었던 건 '어떻게 살아야 할까'라는 질문이었어요. 이전에 읽었던 자기계발서나 종교 서적에서는 대부분 '매일 정진하며 인격을 닦고, 영성을 높이는 것'이 인생의 목적이라고 말했죠. 머리로는 수긍이 갔지만, 마음으로는 늘 뭔가 맞지 않는다는 느낌이 있었어요.

그런데 바샤르의 메시지는 달랐습니다. "가슴 뛰는 일부터 시작하라", "그 외의 것들은 자연히 따라온다", "지금 이 순간을 100퍼센트 살아라", "답은 당신 안에 있다", "설렘이 최고의 신호다" 같은 단순하고 긍정적인 말들이었죠. 덕분에 저는 큰 용기를 얻었습니다. 무엇보다도, 매 순간 자기답게 살아가는 것이야말로 가장 중요하다는 걸 실감했고, '좀 더 자유롭게 살아야겠다'는 결심이 섰어요. 그리고 '지금 이 모습 그대로의 나도 괜찮은 걸까?'라는 오랜 속박에서 단번에 해방된 기분이 들었습니다. 제 인생에서 가장 인상 깊은 순간이었어요.

바샤르의 가르침은 당신 삶에 어떤 영향을 주었고, 어떻게 도움이 되었나요?

지난 20여 년 동안, 제 삶의 거의 모든 영역에 영향을 미쳤다고 해도 과언이 아닙니다.

중요한 결정을 할 때면 항상 "가장 설레는 일이 뭘까?"를 기준으로 삼았어요. 이직을 결심할 때마다 늘 가장 가슴 뛰는 길을 선택했고, 어려움이 닥칠 때에도 "모든 일은 가장 좋은 타이밍에 일어난다"는 바샤르의 말을 믿으며 나아갔죠. 덕분에 지금은 정말 하고 싶었던 일을 업으로 삼아 살아가고 있습니다.

'설렘' 외에도 바샤르가 자주 강조했던 '포커스', '바이브레이션', '크리에이션' 같은 키워드를 다양한 순간에 의식적으로 활용했어요. 중요한 일을 앞두고 이 말들을 입 밖에 내거나 마음속으로 되뇌면, 정말 신기하게도 용기와 에너지가 솟아났고, 머리와 몸이 맑아졌습니다.

또 하나, 이미지워크도 큰 도움이 되었어요. 특히 제가 가장 좋아하는 것은 '다차원적인 크리스털의 일면이 된다'는 이미지워크입니다. 자신이 우주 공간에 떠 있는 크리스털이라고 상상하고, 그 크리스털에 온 우주의 별들이 모여 하나의 거대한 마스터 크리스털이 되었다가, 다시 우주 전체로 퍼져 나가 모든 별 안에 자신이 존재하게 된다고 생각하는 거죠.

이 이미지워크를 하면 '나는 혼자가 아니라 모든 것과 연결되어 있구나' 하는 감각이 확 밀려옵니다. 이후 현실에도 변화가 일어나고, 필요한 정보를 얻거나 도움을 줄 사람을 만나게 되기도 하고, 스스로도 놀랄 만큼 좋은 아이디어가 떠오르기도 합니다. 정말 여러 번 큰 힘이 되었습니다.

기억에 남는 바샤르의 말 중 추천하고 싶은 것이 있다면요?

"이 세상에 태어난 의미는 지금 이 순간을 100퍼센트 즐기는 것입니다.", "당신이 준 것이 당신이 받는 것입니다." 이 두 문장이 특히 마음에 남습니다.

인생에 정해진 의미는 없고, 모든 의미는 스스로 부여할 수 있으며, 그 의미에 따라 내가 체험하는 현실이 달라진다는 것이죠. 설령 어떤 시련이 닥치더라도, 지금 이 순간부터의 삶은 스스로 선택할 수 있습니다. 그게 진정한 자유예요. 바샤르, 당신을 만나서 정말 다행이에요. 고맙습니다. 진심으로 감사해요.

> 야마오카 나오키
>
> 명상과 소리, 향기를 활용해 사람의 내면을 끌어내는 일을 하고 있다. 지금은 전국에서 세미나를 진행하고 있다.

바샤르와 나.
2

나카야마 스미코

4일간의 워크숍을 마친 뒤 아토피 증상이 한결 가벼워졌습니다. 지금은 가슴 설렘에 집중하며, 보육원에서 자원봉사를 하고 도쿄 미쿠라섬에서 돌고래들과 교감하며 지내고 있습니다.

바샤르와는 어떻게 만나게 되었나요?

20대 초반, 저는 알레르기성 아토피 피부염으로 꽤 오래 고생하고 있었습니다. 서양 의학이든 한방이든 여러 방법을 시도해 봤지만, 상태는 좀처럼 나아지지 않았죠. 그 무렵 한 지인이 이렇게 말했습니다. "몸과 마음의 균형이 깨져서 그런 거야. 바샤르의 책을 한 번 읽어 봐."

무슨 내용인지도 모른 채 책을 찾아 읽기 시작했고, 얼마 지나지 않아 지인이 "4일간 워크숍에 가 보지 않을래?"라고 권해 주었습니다. 채널링이니 스피리추얼이니, 생소한 단어에 당황하고 있던 참이었지만, 어쩐지 저도 모르게 "갈게요."라고 대답하고 있었어요. 그 워크숍은 제 삶의 새로운 출발점이 되었습니다. 셋째 날, 바샤르와 참가자들이 함께한 명상 이후 돌아오는 길에 피부가 끈적거리고 몸이 후들거릴 정도로 체력이 바닥났어요. '내일은 정말 못 가겠다'는 생각까지 들었죠.

그렇게 간신히 도착한 마지막 날, 저는 분명히 뭔가 달라졌다는 걸 느꼈습니다. 회의장을 걷고 있을 때, 저를 워크숍에 초대한 지인이 돌고래를 만날 수 있다고 말해 줬어요. "정말로요?" 하고 되묻는 제게, 바샤르는 정말로 돌고래와의 만남을 선물해 주었습니다. 돌아오는 길에 언제 지쳤냐는듯 몸에 힘이 넘치고, 마음이 놀랄 만큼 가벼워졌습니다. 그게 바샤르와의 첫 만남이었습니다.

가장 기억에 남는 말은 무엇인가요?

우리는 단지 눈에 보이는 것만을 보고 사는 존재가 아닙니다. 눈에 보이는 것만 믿고 살아가는 것도 아니죠. 우리는 원래부터 영원하고 완전한 존재이며, 지금 우리 삶에서 벌어지는 모든 일은 우리가 스스로 만들어 내고 있습니다. 우연은 없고, 모든 것은 필연이라는 생각이 제 인생에 깊은 영향을 주었습니다.

바샤르의 가르침은 당신 삶에 어떤 영향을 주었고, 어떻게 도움이 되었나요?

어느 하나의 분야로 나눌 수 없다고 생각해요. 그만큼 제 인생 전체에 영향을 주었으니까요. 바샤르를 만나기 전까지 저는 무슨 일이든 필사적으로 매달리고, 고생하고, 노력해야 자아를 실현할 수 있다고 믿었습니다. '힘들다고 말하면 안 돼. 나약한 사람처럼 보여. 멈추지도, 쉬지도 말자. 게으름 피우면 안 돼.' 이렇게 스스로를 다그치며 살았어요. 일도, 연애도, 매 순간 최선을 다해야 한다고 생각했습니다.
그런데 바샤르가 "가슴 설레는 일만 하면 된다. 그러면 그건 더 이상 '노력'이 아니다."라고 말했을 때, 저는 그동안 스스로를 얼마나 몰아붙이며 살아왔는지 깨달았고, 그 순간 가슴이 찢어질 듯 아팠어요. 동시에 무거운 짐을 내려놓은 듯한 홀가분함이 밀려들었습니다. 그 느낌은 아직도 생생히 기억납니다.

그 후로 저는 늘 스스로에게 묻습니다. '지금 이 일에 가슴이 설레는가?'라고요. 지금 저는 학대나 방임을 경험한 아이들이 있는 보육원에서 일하고 야생 돌고래들과의 교류 활동을 이어 가며 자원봉사를 하고 있습니다.

이 활동을 시작한 지 15년쯤 되었지만, 처음엔 정말 많은 걱정과 불안이 몰려왔습니다. '내가 하려는 일을 인정해 주는 시설이 있을까? 자격도 경험도 없는 나에게 아이들을 맡길까? 아이들에게 돌고래를 보여 준다고 대체 뭐가 달라지겠어?' 같은 회의도 들었죠. 하지만 하와이섬, 바하마 바다, 미쿠라섬에서 야생 돌고래들과 수영하며 저는 깨달았습니다. 조건 없이 받아들여지고 사랑받고 있다는 감각. 우리는 혼자가 아니라 모두 연결되어 있다는 확신. 그리고 무엇보다 돌고래와의 만남은 언제나 즐겁고 가슴 뛰는 경험이었습니다. 그래서 바샤르가 말한 대로 '설렘'에 초점을 맞춰 살아 보자고 결심했어요. 그러자 지금껏 제 발목을 붙잡던 걱정들이 아무것도 아닌 것처럼 느껴지더라고요.

기억에 남는 바샤르의 말 중, 추천하고 싶은 것이 있나요?

바샤르는 어떤 질문에도 답을 줍니다. 어려운 주제라 하더라도, 늘 그 안에는 해답이 들어 있어요. 바샤르는 "나는 당신 안에 이미 있는 답을 비춰 줄 뿐"이라고 말하지만, 개인적인 고민부터 별들의 계보 같은 커다란 주제까지 답해 주는 점은 정말 대단하다고 생각해요. 무엇보다 그의 말은 아주 단순하고 이해하기 쉬워서 누구든 바로 실천할 수 있어요.

저에게 돌고래와 고래는 아주 가깝고도 고귀한 존재예요. 놀이를 통해 우리를 이끌어 주는 인도자 같달까요. 바샤르는 지구에는 두 개의 외계 문명이 있고, 하나는 육지의 인류, 다른 하나는 바다의 돌고래라고 말합니다. 그래서 돌고래와 연결하라고 말해요. 바닷속에도 우리처럼 의식 있는 존재가 존재한다는 것을 인식하고, 모든 생명에 경외심을 가지는 것이 정말 중요하다고 생각합니다.

나카야마 스미코

아이치현 나고야시 출생. 아트 테라피스트이자 애니멀 홀리스틱 케어 카운슬러. 15년 전부터 아동보호시설의 아이들을 도쿄 미쿠라섬으로 초대해 야생 돌고래와 교류하게 하는 심리 자원봉사 활동을 이어 오고 있다.

바샤르와 나.
3

시오노 도모히코

바샤르를 통해 진짜 설렘이 무엇인지 깨닫고, 지금은 로드레이서로 일본 전역을 누비며 살아가고 있습니다.

바샤르와는 어떻게 만나게 되었나요?

처음 바샤르를 알게 된 건 지금으로부터 3년 전이었습니다. 도쿄에서 고베로 전근을 가며 직장 환경과 업무 내용이 크게 바뀌었고, 일이 잘 풀리지 않아 고민이 깊어지던 시기였어요.
그전까지 저는 성공 철학을 몸소 실천하며 전국 실적 1위를 차지하고, 표창도 휩쓴 자타공인 '잘나가는 영업사원'이었습니다. 주말도 반납하고 일에 매달렸고, 그 삶이 당연하다고 여겼죠. '이게 바로 회사원의 승진 코스구나' 하고요.

하지만 정작 목표로 삼았던 전국 1등이 되어도 전혀 기쁘지 않았습니다. 마음속 어딘가에서 깨어 있는 또 다른 제가 "이게 정말 네가 원한 거야?" 하고 속삭이는 듯했어요.

이듬해 큰 계약을 맡으며 고베로 전근하게 되었는데, 그곳에선 지금까지 통했던 방식이 전혀 먹히지 않았습니다. 순식간에 '유능한 사원'에서 '무능한 사원'이 되어 버린 느낌이었고, 회사에 가는 게 두려울 정도로 우울해졌습니다.

그 얘기를 친구에게 털어놓았더니 '소스'와 '바샤르'를 추천해 주더군요. 지푸라기라도 잡는 심정으로 소스 프로그램을 수강하고, 바샤르의 정수를 담은 책을 급히 구해 읽었습니다.

두 책 모두 '가슴 설레는 일을 따르라'는 메시지를 전하고 있었고, 이 공통된 가르침은 저에게 강한 인상을 남겼습니다.

인생에서 가장 인상 깊었던 순간은요?

'가슴 설레는 일을 따라가면 모든 게 잘 풀린다'는 말이 무엇보다 기억에 남습니다.

하지만 현실에선 그리 간단하지 않더군요. "이걸 하면 혼날 거야", "저건 가족이 반대할 거야" 같은 고정관념이 먼저 떠오르기 때문에, 진짜 설렘을 따르기란 생각보다 쉽지 않았습니다.

그리고 '가슴 설렘'이라는 감정 자체를 착각하고 있다는 걸 깨달았습니다. 제가 진짜 원하는 게 아니라, 누군가에게 인정받기 위해, 부모님을 기쁘게 하기 위해, 사회가 정해 놓은 '성공'에 맞추기 위해 가짜 설렘을 좇고 있었던 거죠. 그래서 전국 1등이 되었을 때도 전혀 기쁘지 않았던 겁니다.

그런 저에게 진짜 설렘으로 다가온 것이 바로 오토바이였습니다. 이유는 없었지만, 어쩐지 끌렸어요. 처음엔 스쿠터를 타기 시작했고, 2종 면허를 따자마자 1,300cc 오토바이를, 이후엔 1,000cc 오프로드 바이크로 갈아탔습니다.

하나의 설렘을 따라가다 보면 또 다른 설렘이 이어지는 걸 느꼈어요. 오토바이로 시작된 여정은 캠핑 도구를 싣고 혼자 산속에서 보내는 시간으로 이어졌고, 면허를 딴 지 3년 만에 오키나와를 제외한 일본 전역을 거의 다 돌았습니다.

요즘은 로드레이서, 즉 장거리 자전거 여행자처럼 전국을 여행하며 새로운 삶을 살아가고 있습니다.

바샤르의 가르침은 당신 삶에 어떤 영향을 주었고, 어떻게 도움이 되었나요?

바샤르의 생각은 제가 인생을 사는 방식에 대한 개념을 근본적으로 바꾸어 놓았습니다. 진심으로 설레는 일을 시작하자, 표정도 자세도 바뀐 모양인지 "활력이 넘친다", "인생을 진짜 즐기고 있구나" 같은 말을 주변에서 자주 들었어요.
제 이야기를 듣고 진심으로 흥미로워하는 사람들, 또 저처럼 행동으로 옮기는 사람들이 생기기도 했고요. 예전 친구들과의 관계도 점점 멀어졌지만, 지금은 취미를 통해 새롭게 만난 사람들과 훨씬 즐겁게 지내고 있습니다.

기억에 남는 바샤르의 말 중 추천하고 싶은 것이 있나요?

이 질문이 제일 어렵네요. 제 대답은 '전부'입니다. 그래도 한 가지 말하자면, 직접 느껴지는 말이 있다면 일단 반신반의라도 실천해 보시길 권합니다. 그러면 바샤르의 말이 진짜라는 걸 몸으로 알게 될 겁니다.
그중에서도 저는 '관념이 자기 자신을 만든다'는 말이 특히 와닿았습니다. 우리가 가진 믿음이 현실을 만들고, 세상에 벌어지는 일들은 그 자체로 중립적이고 그저 거기 있을 뿐이에요. 의미를 부여하는 건 우리 자신이죠.

저도 '오토바이는 위험하다', '불량한 사람들이 타는 거다' 같은 편견을 내려놓고, 2종 면허를 따며 진짜 설렘을 향한 첫 발을 내디뎠습니다. 첫걸음을 떼면 그다음 발걸음은 훨씬 쉬워집니다. 기세가 붙는 거죠. 결국 중요한 건 '읽는 것'이 아니라 '움직이는 것'입니다.

시오노 도모히코

1969년 7월생. 손해보험회사에 근무하며 미토 시에 거주 중이다. 초등학생 시절 우주에 흥미를 느껴 관련 서적을 읽었고, 부처의 가르침에 감명을 받았다. 대학 시절에는 융 심리학을 독학했다. 현재는 로드레이서로 일본 전역을 누비며 살아가고 있다.

바샤르와 나.
4

이리에 후미코

바샤르와 만난 후 우주에 감사하는 영화를 만들기 시작했습니다.

바샤르와는 어떻게 만나게 되었나요?

1995년쯤, 의류 관련 일로 독립해 일하다가 건강에 문제가 생기면서 자연요법에 관심을 갖게 됐어요. 그 무렵, 인생을 뒤흔든 문화적 충격을 받았는데, 아직도 그때의 느낌이 생생합니다. 처음 접한 건 책이 아니라 채널링 영상이었고, 그 뒤에 책을 사서 읽었죠.

인생에서 가장 인상 깊었던 순간은요?

무엇보다 '가슴 뛰는 삶을 사는 사람에게 우주가 지지하는 에너지가 몰린다'는 걸 체감했을 때예요. 독립한 직후였지만 바샤르의 영상이나 녹음본을 반복해서 들으면서 불안 대신 설렘으로 일할 수 있었고, 영업을 따로 하지 않았는데도 일이 계속 들어왔어요. 그 경험을 통해 '설렘의 파동 속에서 살면 인생이 자연스럽게 흐른다'는 걸 몸으로 느꼈습니다. 그 무렵엔 아침부터 밤까지, 아니 자면서도 계속 영상을 틀어 놓았어요. 가슴이 너무 뛰어서 '이 두근거림이 바샤르 귀에도 들릴지 몰라'라고 생각할 정도였죠.

그러던 어느 날 밤, 영상 소리를 들으며 잠들었다가 문득 깨어나 보니, 눈앞에 지구의 물질 같지 않은 금속 포장에 싸인 커다란 미니 장미 꽃다발이 떠 있었습니다. 눈을 크게 뜨고 바라보는 사이 왼쪽 끝부터 천천히 사라졌는데, 이상하게도 두려움보다는 '아, 인사하러 와 줬구나' 하는 느낌이 먼저 들었습니다.

그 이후로도 바샤르의 메시지를 더 많은 사람에게 전하고 싶어 책과 영상을 수없이 많이 소개했습니다. 몇 년 뒤, 어느 날 누군가가 저에게 말했어요. "바샤르와 함께 일하고 있지?" 그 순간, 가슴 뛰는 마음으로 바샤르의 메시지를 전해 온 모든 일이 바샤르와의 '협업'이었구나 싶어 정말 기뻤습니다.

바샤르의 가르침은 당신 삶에 어떤 영향을 주었고, 어떻게 도움이 되었나요?

의류 관련 일을 하다 테라피스트로 전향한 저에게 바샤르의 가르침은 큰 지침이 되었어요. 무엇에 초점을 맞춰야 고객에게 진짜 도움이 되는지를 명확하게 알 수 있었고, 사람들의 가능성을 발견하고 응원하는 일도 점점 좋아졌습니다. 특히 '인생에서 일어나는 일엔 원래 의미가 없으며, 그것을 어떻게 느낄지는 내 선택'이라는 관점은 테라피스트로서 매우 중요한 시야를 열어줬어요.

그러던 중, 2005년 섣달그믐날, 갑자기 '우주에 감사하는 영화를 만들자!'는 미션을 받았습니다. 할머니의 죽음을 계기로, 저는 제가 '감사할 줄 모르는 사람이었다'는 걸 깨달았고, 그런 저를 탓하지 않고 있는 그대로 받아들였을 때, 가슴 깊은 곳에서부터 감사의 감정이 넘쳐났습니다. 그 순간 너무도 행복했고, 몸에서 빛이 나는 것 같은 기분마저 들었어요. 그건 바샤르의 메시지를 들으며 느꼈던 설렘보다도 더한 감각이었습니다.

영화 제작에 대해선 정말 아무것도 몰랐지만, 이상하게 확신이 있었어요. '이 영화는 이미 미래에 완성되어 있고, 많은 사람에게 감동을 주고 있어. 난 그 영화를 이곳으로 가져오기만 하면 돼.' 그 믿음 하나로 카메라를 들고 촬영을 시작했죠.

그리고 하나씩 신기한 일이 일어났어요. 예를 들어, 제가 작사하고 작곡한 곡을 연주해 줄 사람을 찾고 있으면 바로 만날 수 있었고, "무라카미 가즈오 선생님께 논평을 받고 싶다"고 생각한 그날, 소개해 주는 사람을 만났습니다. 난관을 마주할 때도 '이번엔 또 어떤 메시지가 숨어 있을까?' 하며 긍정적으로 반응할 수 있었어요.

시사회에 참석한 기자가 "과학자나 의사가 하는 말이 아니라서…"라며 취재를 취소했을 때도, '이건 세계 무대에 내놓기 전 해야 할 일이 남았다는 뜻이야!' 하며 에너지가 솟았고, 결국엔 모든 일이 자연스럽게 풀렸습니다.

기억에 남는 바샤르의 말 중 추천하고 싶은 것이 있나요?

첫째는 '세상에서 일어나는 일은 전부 중립적이다. 거기에 의미를 부여하는 건 나 자신이다'라는 사실입니다. 이 말대로, 인생은 선택의 연속이며 우리 자신이 인생의 키를 쥐고 있다는 것을 가르쳐 줍니다. 이는 인생의 피해자가 되기보다 '지금의 현실을 스스로 선택했다'라는 시점에 설 수 있는 중요한 메시지라고 생각합니다. 또 로스앤젤레스에 갔을 때, 사명에 대해 묻는 사람이 있어 이렇게 대답했습니다. "사명은 당신이 당신으로 사는 것입니다." 그 말은 본래의 자신으로 사는 것이야말로 강력한 힘이 있고 한 사람

한 사람이 특별한 존재라는 의미가 아닐까요? 우리는 본래 밝고 특별하며 가슴 뛰는 부분을 갖추고 있습니다. 그것이 본래의 자신을 떠올리는 열쇠라고 말해 준다고 느낍니다.

이리에 후미코

의류업계에서 일하다가 테라피스트로 전향한 뒤, 어느 날 받은 '미션'으로 영화 제작을 시작했다. 감사를 테마로 한 다큐멘터리 영화 《1/4의 기적》, 《광채의 기적》, 《하늘에서 보면》을 제작했으며, 《우주의 약속》은 일본 1,000여 곳과 해외 40여 곳에서 상영되었다. 저서로는 《1/4의 기적》이 있다.

바샤르와 나.
5

이다 조지

20년 동안 변함없이 바샤르의 메시지를 들었습니다. 그사이 저는 끊임없이 변화하며, 마음 깊은 곳에서 진실을 받아들일 수 있게 되었습니다.

바샤르와는 어떻게 만나게 되었나요?

1990년, 친구의 추천으로 처음 바샤르를 접했습니다. 어느새 시간이 많이 흘렀네요. 정말 오래 알고 지낸 인연이죠.

인생에서 가장 인상 깊었던 순간은요?

영성 관련 책을 처음 읽은 것이 바샤르의 책이었습니다. 종교색이 없는 정신세계라는 접근이 굉장히 신선했고, 저에겐 인생의 전환점이 되는 책이었습니다.

바샤르의 가르침은 당신 삶에 어떤 영향을 주었고, 어떻게 도움이 되었나요?

사실 처음 읽었을 때는 정말 화가 났습니다. 왜냐하면 그 무렵에 저는 일이나 생활이 잘 풀리지 않아 빛이 보이지 않는 최악의 상태였기 때문입니다. 그런 저에게 바샤르의 말은 신경에 거슬릴 수밖에 없었습니다.
'개인에게는 자신이 만들고 싶은 방향으로 인생을 만들 수 있는 힘이 있습니다.' '자신이 체험하는 물리적인 현상은 본인이 무엇을 믿느냐에 따라 결정됩니다' 등등. 내가 이런 끔찍한 인생을 만들 리가 없어! 내가 믿은 건 조금도 현실화되지 않았잖아! 지금은 바샤르를 이해하지만, 당시의 미숙했던 저로서는 도저히 받아들일 수 없는 개념이었습니다.
그런데 얼마 지나지 않아 영상 작업을 하는 도중, 운명적 인연이라고 할 만한 인물을 만나게 되었습니다. 이른바 미래를 보는 능력이 있는 사람입니다. 그 사람은 앞으로 저에게 일어날 일을 알려주었고, "바샤르는 진리를 말한다"고 일러주었습니다. 그래서 다시 읽어 보기로 마음먹었죠.

읽어 보니 눈에 보이지 않는 불가사의한 힘과 저의 세계관, 그리고 바샤르가 말하는 영적인 사고, 그 세 가지가 겹치는 느낌을 받았습니다. 제가 겪은 인생의 부침도 스스로 초래한 것이 아닌가 하고 감각적으로 이해할 수 있었습니다. 이것은 저에게 커다란 '변화'였습니다.

그 이후, 언뜻 기묘해 보이는 것, 어리석게 느껴지는 뉴에이지 계열의 발상, 초현실적 현상, 예언자니 채널링이니 하는 것도 처음부터 부정하지 않고 일단 제 안에 받아들이고 검증하게 되었습니다. 그리고 이러한 모든 개인적 변화가 1992년부터 만들기 시작한 초능력 형제의 이야기 《나이트헤드 NIGHT HEAD》에 큰 영향을 미쳤습니다.

《나이트헤드》 세계에는 세상에 터무니없다고 여겨지는 일들이 생생하게 반영되어 있습니다. 이 작품을 초능력, 신령세계, 외계인과 종교가 뒤섞인 세계라고 평하는 사람들이 있었는데, 저에게는 그 모든 것이 동시에 존재하는 세계를 솔직하게 표현한 것이었습니다.

《나이트헤드》는 뜻밖에도 크게 히트했습니다. 그 사실이 다시 저에게 영향을 미쳐서, 더욱 영적인 이해를 깊게 하는 데 도움이 되지 않았나 싶습니다.

하지만 저는 '가슴 설레며 사는 인생'만을 보낼 수는 없었습니다. 2000년 이후 여러 사람에게 인생 최악의 시기가 찾아올 것이라는 예언 비슷한 말을 들었는데, 그 말대로 밑바닥을 맛보았습니다. 그것은 《나이트헤드》를 세상에 내보내기 전에 맛보았던 막다른 상황보다 괴로웠고 인생의 겨울과 같은 시기였다고 생각합니다. 그리고 그런 시기에 다시 한 번 바샤르를 검증할 기회가 찾아왔습니다. 《(i)》라는 책을 집필하게 된 것입니다.

이 이야기에서는 제 마음속에 계속 남아 있던 바샤르의 말을 담았습니다.

고차원의 정보는 내 삶의 상태가 좋은지 나쁜지에 따라 받아들이기 쉬울 수도, 어려울 수도 있습니다. 하지만 일부러 나쁜 시기에 이 책을 쓰면서 그때까지 감각적으로만 이해했던 바샤르의 말을 현실에서 체화하려고 했습니다.

바샤르의 메시지는 20년 동안 변하지 않았습니다. 그러나 그 말을 받아들이는 저 자신은 항상 변화했습니다. 《(i)》의 집필을 끝냈을 때 또 한 번 마음 깊은 곳에서 진실을 받아들이는 저 자신이 생긴 것 같은 기분이 들었습니다.

인상에 남은 바샤르의 말 중에 추천할 만한 것이 있습니까?

"가해자는 피해자의 피해자입니다. 그리고 피해자라는 것은 어떤 의미에서 가해자입니다."

이 진실만큼 머리로는 이해할 수 있어도 현실적으로 받아들이기 어려운 것은 없다고 생각합니다.

예를 들어 가해자와 피해자의 관계도 자석의 S극과 N극이 서로 끌어당기는 것과 같습니다. 그러나 자신이 당사자인 경우, 특히 피해자였을 때는 그렇게 쉽게 받아들여지지 않습니다.

일방적인 인간관계는 없다, 어떤 일도 서로 영향을 미치고 유발함으로써 일어난다. 인간적 감정을 초월한 이 진리를 나는 《(i)》를 쓰면서 비로소 이해할 수 있었습니다. 그 후로는 더 이상 피해자일 수도, 가해자일 수도 없게 되었습니다.

이다 조지

1959년 출생. 영화 감독, 각본가, 소설가. 영화 〈어나더헤븐〉, 〈나선〉. TV 드라마 각본 〈사쇼 다에코 최후의 사건〉 〈기프트〉 〈내일의 기타 요시오〉를 만들었다. 저서로 《(i)》, 《나이트헤드》, 《아난》, 《도작》, 《흑막》 외 다수가 있다.

바샤르와 나.
6

덴츠쿠만

'움직이면 바뀐다'를 실감하며, 기적 같은 만남이 차례차례 이어졌습니다. 웃고 즐기며 세상에 더 많은 희망을 전하고 싶습니다.

바샤르와는 어떻게 만나게 되었나요?

지금으로부터 16년 전, 반년 전에 헤어진 여자친구에게 "상담하고 싶은 게 있다"며 연락이 왔습니다. 솔직히 저는 100퍼센트 딴마음을 품고 만나러 갔는데, 그녀는 갑자기 "우주의식과 연결되고 싶어", "채널링 알아?", "바샤르가 이렇게 말하더라" 같은 생소한 말을 쏟아냈습니다.

당시 정신세계도, 우주의식도 전혀 몰랐던 저는 '이 사람 이상한 종교에 빠졌구나'라고 생각했어요. 어이가 없어서 그냥 돌아가려던 참에, 그녀가 "이 책 줄게"라며 내민 것이 셜리 맥클레인의 《아웃 온 어 림브》와 바샤르의 책이었습니다. 하지만 집에 가져가 놓고는 한 페이지도 읽지 않았습니다.

그로부터 또 반년쯤 지난 어느 날. 7년 동안 해 오던 코미디언 활동을 그만두고 빈둥거리던 중, 그 두 권의 책이 책장에서 빛나는 듯 보여 꺼내 들었습니다. 그리고 읽는 사이에 가슴이 뛰기 시작하더니, 어느새 푹 빠져 버렸습니다.

평소 품고 있던 의문에 대한 답이 전부 이 책 안에 있는 것 같았고, 목에 걸려 있던 뼈가 빠진 듯한 해방감을 느꼈어요. '좀 더 일찍 만났으면 좋았을 텐데'라고 생각하던 순간, 책 속에 '모든 것은 최고의 타이밍에 일어난다'는 문장을 보고 웃음이 났습니다.

인생에서 가장 인상 깊었던 순간은요?

가장 인상 깊었던 말은 '가슴 설레는 것이 성공의 지름길', '자신의 영감을 믿으면 된다'는 말이었습니다.

코미디를 그만두고 영화계에 들어간 뒤 처음엔 배우로 활동했지만, 점점 메시지를 직접 전하고 싶어져 영화 제작에 나섰고, 제작비 6천만 엔을 모으기 위해 거리로 나갔습니다.

그때 시작한 것이 바로 '당신을 보고 영감을 얻어 글을 써 드립니다'라는 거리예술이었습니다. 그렇게 영감을 믿고 실천하자, 예상치 못한 반응이 쏟아졌습니다.

주변 사람들에게 책을 추천했지만, 대부분 수상하다며 고개를 저었어요. 그래서 '이 방법밖에 없다!'며 펴낸 첫 책의 저자명을 '노리야스 히로미츠'가 아닌 'BASHAR NORIYASU'로 표기했습니다. 책을 읽은 사람들은 "BASHAR가 뭐예요?"라고 물었고, 그때마다 "이 책을 읽어 보면 알 수 있어요."라고 권했습니다. 그 결과 입소문이 크게 퍼졌고, 작전은 대성공이었습니다. 하하. 바샤르를 읽지 않았다면 거리에서 글을 쓰지도, 책을 내지도 않았을 겁니다.

바샤르의 생각은 당신이 살면서 어떤 분야에 어떤 영향을 주었고, 어떻게 도움이 되었습니까?

바샤르를 접한 뒤 확실히 마음이 가벼워졌고, 지금까지 열심히 살아온 덕분에 굳이 '노력'하지 않아도 되는 삶의 방식을 선택할 수 있게 되었습니다.

지금은 캄보디아에서 해외지원 활동을 하는 동시에 중국, 남아 프리카, 일본 등에서 조림사업, 가가와현 쇼도시마에서는 마을조성 사업도 하고 있어요. 그 모든 활동의 원점은 '웃고 즐기면서'입니다.

왜 이렇게 바쁘게 움직이느냐고요? 바샤르의 한 메시지가 결정적인 영향을 주었기 때문입니다. 어떤 사람이 바샤르에게 '기도'에 대해 질문했을 때, 바샤르는 이렇게 대답했다고 합니다. "당신 앞에 책상이 있고 그 위에 돌이 있다고 합시다. 그 돌이 사라지길 바라며 기도하세요. 자, 돌은 사라졌나요?" 그 사람이 "아니요, 그대로 있습니다."라고 하자, 바샤르는 "그럼 다음에는 손으로 그 돌을 들어서 치워 보세요. 사라졌나요?"라고 말했답니다.

이 일화를 통해 저는 '기도도 중요하지만, 움직여야 변화가 일어난다'는 바샤르의 진리를 실감하게 되었습니다. 그렇게 움직였더니, 정말로 기적 같은 만남이 연이어 찾아왔고, '가슴 설레는 일을 하는 것이야말로 가장 빠른 성공의 길'이라는 말을 조금씩 이해할 수 있게 되었습니다.

인상에 남은 바샤르의 말 중에 추천할 만한 것이 있습니까?

'진화란 새로운 각도에서 사물을 보거나 생각하는 것'이라는 말도 깊이 남았습니다. 이 말을 저는 이렇게 해석해 전하고 있어요. "답도, 길도 하나가 아니다. 어떤 상황이든, 누군가가 부정적인 말을 하더라도 포기할 필요는 없다. 다른 답이 있거나, 빠져나갈 길이 분명히 있다."

바샤르의 책에는 다소 어려운 단어도 많아, 처음 읽는 사람이라면 혼란스러울 수 있습니다. 그래서 저는 열심히 읽기보다 가볍게, 휘리릭 넘기며 가슴에 딱 와닿는 페이지만 읽는 게 더 좋다고 생각합니다.

당신은 반드시, 최고의 타이밍에 최고의 메시지를 만나게 될 것입니다.

앞으로도 바샤르의 사랑 가득한 메시지를 온전히 받아들이며, 웃고 즐기면서 이 세상에 희망을 넓혀 가고 싶습니다. 바샤르, 언제나 변함없는 지지에 감사합니다.

덴츠쿠만

본명은 노리야스 히로미츠. 1968년 출생. 영화감독이자 길거리 시인이다. 요시모토흥업에서 7년간 활동 후 퇴사했다. 2003년 영화 〈107+1~천국은 만드는 것 PART 1〉을 완성했다. 지금은 세 번째 작품을 제작 중이다. 《당신의 신》 외 다수의 책을 썼다.

자, 여러분, 여기서 다시 한번 떠올려 보세요.
지금 당장 에너지를 이동시켜야 합니다.
여러분은 필요한 모든 방법을 알고 있습니다.
알고 있는 방법을 활용하세요.
행동으로 옮겨 주세요.

거기에서 큰 차이가 생깁니다.

여러분이 사는 세계에 필요한 차이가 생겨날 것입니다.

그리고 기억하세요.

여러분이 무엇을 선택하든, 우리는 언제나 무한한 사랑으로

여러분을 지켜보고 있다는 것을.

그럼 안녕히.

무조건적인 사랑을 보냅니다.

다시, 가슴 뛰는 삶을 살아라
: '지금 이 순간의 나'를 깨우는 바샤르의 메시지

1판 1쇄 발행 2025년 7월 7일
1판 2쇄 발행 2025년 7월 29일

지은이 다릴 앙카
옮긴이 전경아

발행인 양원석 **기획** 양원석 **편집장** 권오준 **책임편집** 이건진
영업마케팅 조아라, 박소정, 이서우, 김유진, 원하경
해외저작권 임이안

펴낸 곳 ㈜알에이치코리아
주소 서울시 금천구 가산디지털2로 53, 20층 (가산동, 한라시그마밸리)
편집문의 02-6443-8831 **도서문의** 02-6443-8800
홈페이지 http://rhk.co.kr
등록 2004년 1월 15일 제2-3726호

ISBN 978-89-255-7348-9 (03180)

※ 이 책은 ㈜알에이치코리아가 저작권자와의 계약에 따라 발행한 것이므로
 본사의 서면 허락 없이는 어떠한 형태나 수단으로도 이 책의 내용을 이용하지 못합니다.
※ 잘못된 책은 구입하신 서점에서 바꾸어 드립니다.
※ 책값은 뒤표지에 있습니다.